气势恢宏、博大精深的清东陵陵园

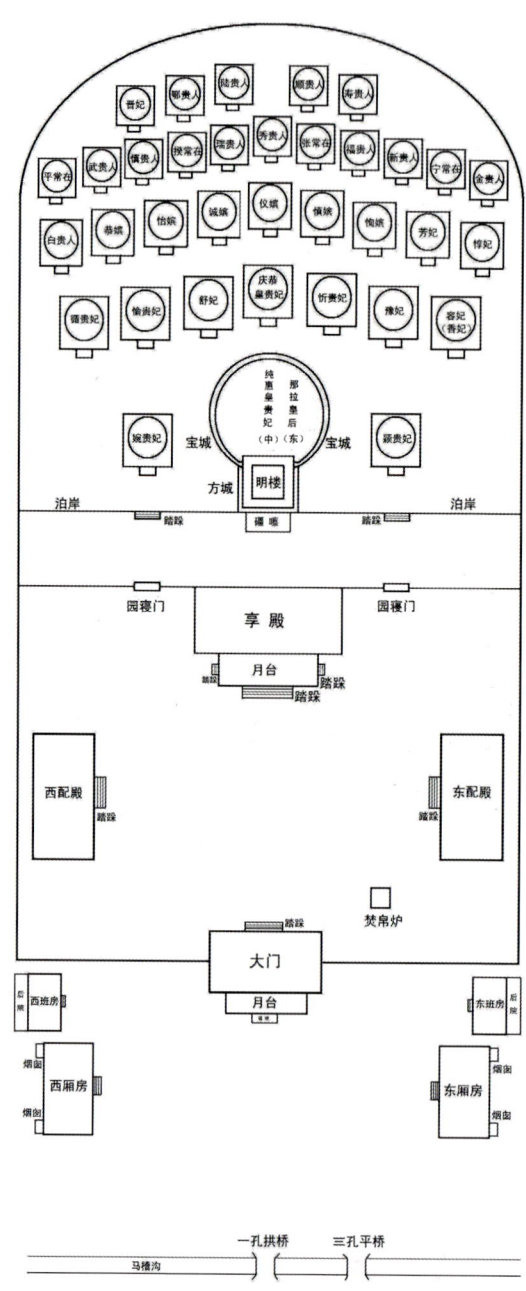

裕陵妃园寝平面示意图(绘图 徐鑫)

裕陵妃园寝一孔拱桥

裕陵妃园寝三孔平桥

　　裕陵妃园寝前面正中马槽沟上建一孔拱桥一座，桥面两侧的石栏杆望柱为二十四气式柱头。拱桥东旁建三孔平桥一座。

裕陵妃园寝焚帛炉

焚帛炉，亦称燎炉。妃园寝的焚帛炉建筑规制与帝后陵的相同，均是单檐歇山顶，椽飞、斗栱、炉体四面以及须弥座等均为琉璃构件，炉体西侧有一个门口，炉身四面为六角菱花琉璃隔扇。炉门安有熟铁门两扇，内设生铁火池三槽，顶棚、四壁均为生铁铸造。每次祭祀时，都要在里面焚烧祝版、制帛、三色纸和素纸以及金银锞。妃园寝的焚帛炉与帝后陵的区别在于两处，一是妃园寝的焚帛炉用绿色琉璃构件，帝后陵用黄色琉璃构件；二是妃园寝的焚帛炉数量只有一座，且位于享殿前方的左（东）侧，帝后陵有两座。

裕陵妃园寝西配殿

　　标准妃园寝不建东西配殿，裕陵妃园寝不但建有东西配殿，而且还都是面阔五间，比昌西陵、慕陵、慕东陵的三间配殿规模都大。只是妃园寝的配殿为绿色琉璃瓦，建筑规模小一些。维修享殿时，提前将神牌移到东配殿供奉，工竣移回。葬在该妃园寝的皇贵妃、贵妃、妃的神牌在东西殿内制作、刊刻、填青。西配殿的功用尚有待考证。

裕陵妃园寝享殿及两侧的园寝门

　　裕陵妃园寝享殿面阔五间，单檐歇山顶，绿色琉璃瓦。六角菱花式隔扇和槛窗。享殿前的月台上初建时有三间抱厦，后于道光年间拆除。月台前和两侧的抄手踏跺均为四级垂带踏跺。初建时，园寝门在享殿的后面，三座。后来因为要添建方城明楼，才将园寝门改建到享殿两侧，成为清朝妃园寝中的首例。

裕陵妃园寝享殿内景

　　裕陵妃园寝的享殿设有三间暖阁,每间暖阁都设有神龛,神龛里面供放妃以上各墓主人的神牌,此照片的内景并非原样。

裕陵妃园寝的方城明楼

　　裕陵妃园寝的方城、明楼仿景陵皇贵妃园寝而建，是为纯惠皇贵妃而特意增建的。明楼为单檐歇山顶，绿色琉璃瓦。在明楼内正中立朱砂碑一统。方城下部有南北方向的隧道砖券。从隧道券内的左右扒道可上明楼。方城前是砖礓磜。

纯惠皇贵妃园寝明楼内的朱砂碑

长方形碑首，前后两面分别雕刻"二龙戏珠"图案和海水江崖。前面碑额上镌刻"大清"。碑首两侧面分别雕刻一条云龙和海水江崖。碑身前面镌刻"纯惠皇贵妃园寝"。无论碑额还是碑身，都是满、汉两种文字。满文在右（西），汉字在左（东），汉字为楷书。碑阴无文字。碑座为须弥座形。上枋雕刻云龙，下枋雕刻杂宝和祥云。上下枋雕刻仰伏莲。束腰雕刻"椀花结带"。

纯惠皇贵妃地宫入口

纯惠皇贵妃地宫为六券一门，即隧道券、闪当券、罩门券、石门、门洞券、梓券和金券。这是清朝等级最高的妃子的地宫。享受这种高等级地宫的妃子只有三位，即葬在景陵皇贵妃园寝内的曾抚养过乾隆帝的悫惠皇贵妃和惇怡皇贵妃。另一个就是这位纯惠皇贵妃。礓磜两侧的拱券式入口当初建时没有。地宫开放时，为了方便游人出入，才开辟的。

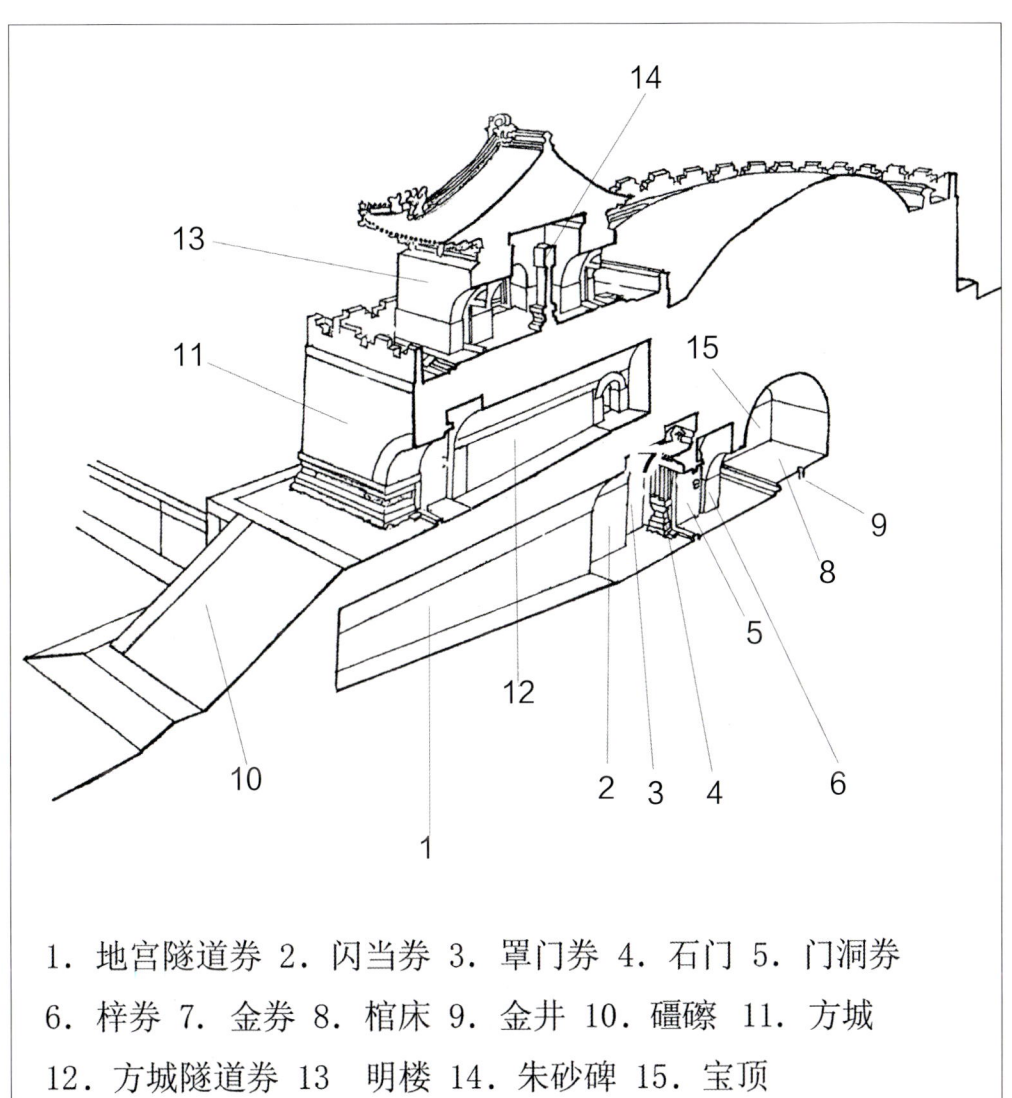

1. 地宫隧道券 2. 闪当券 3. 罩门券 4. 石门 5. 门洞券
6. 梓券 7. 金券 8. 棺床 9. 金井 10. 礓礤 11. 方城
12. 方城隧道券 13. 明楼 14. 朱砂碑 15. 宝顶

纯惠皇贵妃园寝地宫剖面示意图（绘图　王其亨）

纯惠皇贵妃园寝明楼后的大宝顶

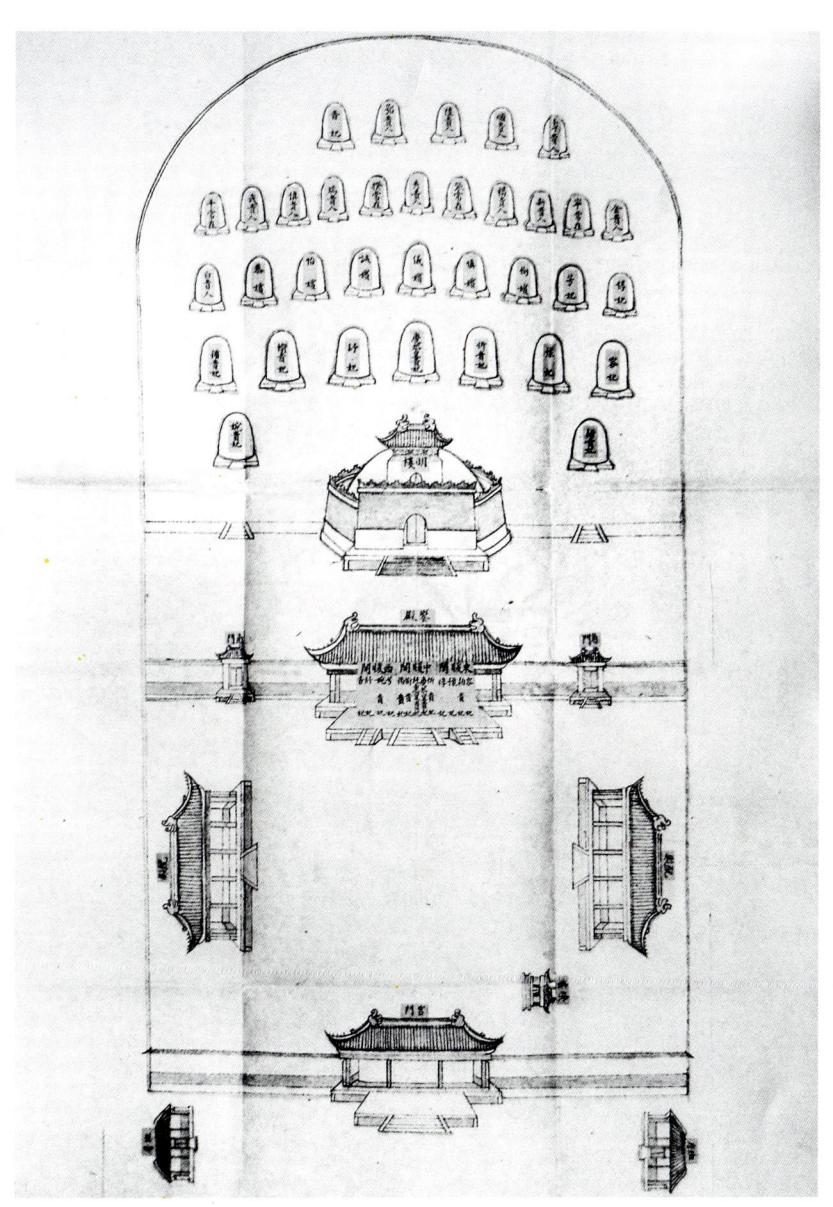

清朝绘的裕陵妃园寝示意图

当年太仓陆夫人在裕陵
妃园寝拍照的容妃像

容妃宝顶

容妃宝顶位于裕陵妃园寝第二排东面第一位。宝顶建在长方形月台上，约用灰土夯筑而成。月台前有一座五级垂带踏跺。

容妃地宫

　　容妃地宫为四券一门，即罩门券、一道石门、门洞券、梓券和金券。地宫石门是对开两扇，每扇门均是用整块石料雕制而成。石门上既无菩萨雕刻，也无门钉，只有一个兽面衔环铺首。石门的门管扇为整块红铜铸成。门洞券北口是梓券，为拱券式。所谓"梓券"，其实就是金券的门口，拱券式，只是没有门扇。

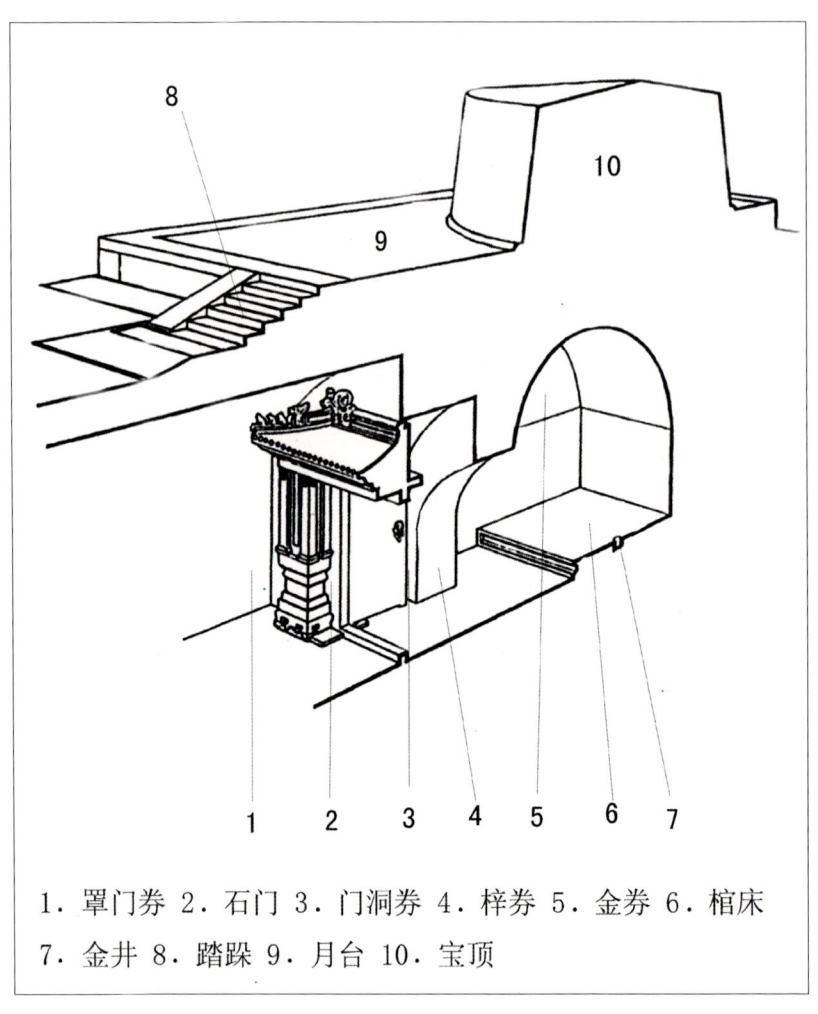

1. 罩门券 2. 石门 3. 门洞券 4. 梓券 5. 金券 6. 棺床 7. 金井 8. 踏跺 9. 月台 10. 宝顶

容妃墓地宫剖面示意图（绘图 王其亨）

大清皇陵之隐秘的容妃陵

徐鑫 / 王志阁 ◎ 著

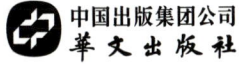
华文出版社

图书在版编目（CIP）数据

大清皇陵之隐秘的容妃陵 / 徐鑫，王志阁著 . -- 北京：华文出版社，2021.6
ISBN 978-7-5075-5355-0

Ⅰ.①大… Ⅱ.①徐…②王… Ⅲ.①后妃－陵墓－介绍－中国－清代 Ⅳ.①K928.76

中国版本图书馆 CIP 数据核字 (2021) 第 054634 号

大清皇陵之隐密的容妃陵

| 作　　者：徐　鑫
| 责任编辑：方昊飞
| 出版发行：华文出版社
| 地　　址：北京市西城区广外大街 305 号 8 区 2 号楼
| 邮政编码：100055
| 网　　址：http://www.hwcbs.com.cn
| 电　　话：编辑部 010-63430751　发行部 010-58336202
| 　　　　　总编室 010-58336239
| 经　　销：新华书店
| 印　　刷：北京画中画印刷有限公司
| 开　　本：710mm×1000mm　1/16
| 印　　张：14.875 彩插 1
| 字　　数：148 千字
| 版　　次：2021 年 6 月第 1 版
| 印　　次：2021 年 6 月第 1 次印刷
| 标准书号：ISBN 978-7-5075-5355-0
| 定　　价：58.00 元

版权所有，侵权必究

前 言

2007年夏天，一个两百多年前的古代美女在网上突然"复活"了，她就是遐迩闻名的香妃。

相传，清朝乾隆帝后宫中有一个身有异香的新疆女子，人们称她为香妃。有关香妃的故事和传说很多，这些故事和传说大致有两个版本。

流传最广的版本是，香妃原是新疆回部的王妃，在乾隆帝平定回部大小和卓叛乱时被抢进皇宫。因为她不用搽香抹脂，身体就能散发出一种天然的沁人心脾的清香，所以被称为香妃。香妃不仅体有异香，而且天生丽质，所以乾隆帝特别喜欢她。可是香妃忠于故主，矢志守节，身藏利刃，时刻都想伺机杀死皇帝，为夫报仇。皇太后得知这个消息后，非常担心皇帝被害，故将香妃赐死。乾隆帝闻讯，悲恸万分，遂以妃礼厚葬香妃于遵化的东陵。

另一个版本是，香妃是为民族团结做出过贡献的人。当初香妃家族为感谢清廷协助平定部落内乱，报答君恩，才将香妃送入皇宫。入宫那年，香妃仅有二十二岁，尚未婚配。进宫之前，她曾提出三个条件：第一，必须在京城为她修建具有维吾尔族和伊斯兰教特色的房屋；第二，必须把她的哥哥图尔都也接到北京去；第三，她死后，要把遗体送回故乡喀什安葬。这些条件乾隆帝全答应了。香妃死后，乾隆帝化符前言，果然把她的遗体运回了故乡安葬。如今在新疆喀什的确有一座具有维吾尔族风格的墓地，当地人称之为香妃墓。在该墓地的庭堂里现在还摆放着一乘当年运送遗体的驮轿。

香妃故事不仅载诸野史、传记，还被改编成电视剧和武侠小说。电视剧《风流才子纪晓岚》《还珠格格》和金庸先生的小说《书剑恩仇录》，都是很具有代表性的作品。

香妃画像不仅流传版本甚多，甚至一些商店、餐馆都挂上了带有香妃字样的牌匾……

在二十一世纪，随着国际互联网的飞速发展，一些"好事"的"网虫"把香妃作为一道亮丽的风景，推上了网络这快速列车上。

那么读者会问，历史上到底有没有香妃这个人呢？香妃的身世是怎样的？她真的是被皇太后赐死的吗？香妃的尸骨究竟埋葬在河北省遵化市的清东陵还是新疆的喀什？传说中的香妃的历史真相是什么？

许多人都试图亲自把谜团打开，还人们一个真实的香妃。为此，许多专家学者做了大量卓有成效的工作，发表了许多考证文章，从而旁证了传说的香妃，就是乾隆帝的容妃。然而，仅凭史料记载，好像还不足以说明历史的真相。1979年，清东陵文物管理处打开了裕陵妃园寝里的容妃墓，由此发现了容妃头骨和残留的重要文物，这些都对历史记载中的不足进行了有力的补充说明。

近年来，继2007年刑警教授以容妃头骨为原型、利用电脑技术复原香妃头像后，2009年又有北京维吾尔族学者撰文，称根据研究发现，容妃的名字叫"Fatim"，是新疆回部叛匪小和卓霍集占遗弃的妻子。他还语出惊人地宣称，容妃非香妃，而香妃另有其人……历史上的香妃之谜再起风云。

笔者在清东陵工作了十多年，长期工作在最基层的第一线，收集和掌握了一些有关容妃及容妃墓的第一手材料，并研究香妃多年，出版数部专著，这次写作，不仅公开了一些原始照片，还披露了一些官方文件，并且将笔者最新的研究和观点融入其中，为揭开"容妃与香妃"之谜，提供了一把钥匙。现在让我们一起走进这次香妃考古之旅，在思考中打开那扇尘封两百年之久的神秘大门吧！

目 录

序章 / 01

第一章　古墓迷踪 / 09
裕陵妃园寝秘史 / 11
"天现"盗口 / 31

第二章　"香妃"在北京 / 43
香妃故事由来已久 / 45
与哥哥奉旨进京 / 52
四幅"香妃"像 / 62
"宝月楼""浴德堂"探源 / 85

第三章　真假香妃墓 / 95
调查：新疆喀什墓 / 97
正说：遵化容妃墓 / 100
笑看：北京"香冢"坟 / 105

第四章　走进容妃墓　　　　　　/ 107

找到了容妃的头骨　　　　　　/ 109

地宫里的惊喜发现　　　　　　/ 114

容妃地宫珍宝　　　　　　　　/ 121

地宫金井被遗忘　　　　　　　/ 123

第五章　深入研究的成果　　　　/ 129

去北京鉴定头骨　　　　　　　/ 131

民间传说与清宫档案　　　　　/ 138

发布研究报告　　　　　　　　/ 145

真相只有一个　　　　　　　　/ 150

容妃仍有未解之谜　　　　　　/ 161

入皇宫之谜　　　　　　　　　/ 168

婚姻之谜　　　　　　　　　　/ 169

第六章　最后的考古　　　　　　　　　／177
又打开一座地宫　　　　　　　　　　　／179
地宫：按女人等级营建　　　　　　　　／192

尾章　　　　　　　　　　　　　　　／205
附录1　容妃死后的遗物及处理　　　　／212
附录2　容妃家族人员小传　　　　　　／222

参考文献　　　　　　　　　　　　　／226

序　章

　　2007年8月20日这一天，谁也没想到，两百多年前的"香妃""复活"了。中国刑警学院首席教授赵成文借助一张清东陵文物管理处拍摄的香妃头骨照片，进行了电脑合成，再现了两百多年前香妃的容貌。

　　赵成文，我国著名刑事相貌专家，因其复原过十多幅古人的画像，在业界有"古尸复原大师"之称。他曾利用所掌握的现代技术和考古知识，成功地将历史上的两位美女——辛追夫人和楼兰新娘的容貌复原。此次他采用"警星CCK-Ⅲ人像模拟组合系统"还原了香妃的容貌。

　　据介绍，"警星CCK-Ⅲ

赵成文复原的古人图：楼兰美女

人像模拟组合系统"的核心是"人像部件库",它分为"部件"和"部件分类"两个选项,确定部件和分类后,电脑屏幕上会出现大量照片以供选择。这些照片都是用数码相机拍下来的,样本包括来自全国各地刑警学院的学生和干训生、劳务市场上的人员以及监狱里的罪犯。经过这些照片的交叉组合,这套系统能够模拟出九十亿幅不重样的相貌。赵成文教授就是根据这套电脑软件还原香妃的容貌的。

"从照片上看,头骨已经有所变形和缺损,"赵成文教授说,"这加大了还原的难度。"赵成文教授曾经看到过某电视台记者给他的一张香妃照片,他对那张被认为是郎世宁画作的香妃像提出质疑:"这位老外怎么会欣赏中国美女?"赵成文教授觉得那些画像不是他心目中的香妃真容,复原香妃原貌成了他心里最大的一个愿望。

"我非常喜欢金庸的文字,年少时读《书剑恩仇录》,就被陈家洛给香香公主写的墓辞所感动,从那时候起就经常想象香香公主的样子。"赵成文教授说,"后来我成功复原了辛追夫人和楼兰新娘后,'再见香妃'的愿望就更强烈。"

民间相传:清朝乾隆帝有一个来自新疆的妃子,叫"香妃"。香妃原来是新疆回部小和卓霍集占的王妃,因乾隆帝平定大小和卓叛乱而被俘,纳入后宫。但香妃不甘受辱,始终不从乾隆帝,并且几次想刺杀乾隆帝。后来事情被皇太后知道了,于是皇太后就趁乾隆帝单独就宿斋宫之机,命人将香妃缢死。金庸先生以这个传说为素材塑造了一个传奇角色"香香公主",写出了小说《书剑恩仇录》,女作家琼瑶也在《还珠格格》中塑造出了一个美丽多情的香妃。然而，香妃究竟长相如何，历史上并没有确凿的图像记载。

据赵成文教授介绍，他是分三步还原香妃头骨的。

第一步，确定人物年龄为三十岁左右。根据刑事相貌学原理，用十九条标线确定"香妃"头骨的五官位置、大小。

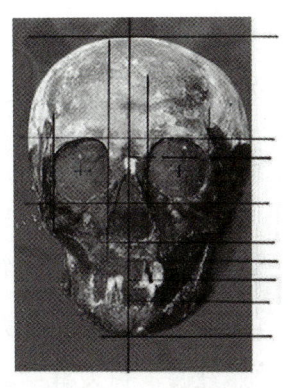
在容妃的头骨确定五官位置

第二步，按照人体解剖学、法医人类学原理，从"人像模拟组合系统"中找到了相匹配的五官："甲"字形脸，杏核眼，柳叶眉……

第三步，结合人物的身份和文化背景进行修改。两天后，一位高鼻深目、肤白如雪的古代美女出现在电脑屏幕上，并将此图片公开。

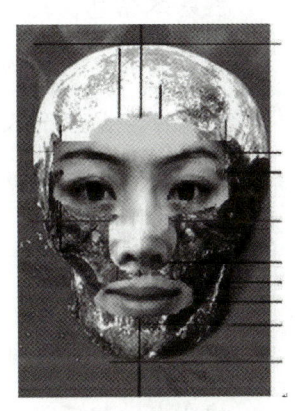
确定复原香妃的五官

香妃的影响力果然非同一般，复原图片在网上一经曝光，立即引起了网友的注意和讨论。

有的网友认为还是画像更像更好看，这个图不怎么像，也有网友觉得这个图不算个美女，当然更有网友认为画像倒是有西域的特点。

赵教授复原后的香妃像

众所周知，每一个人物画像的复原过程中，必然会受到复原操作者个人因素的影响。对于赵成文教授复原古人头像的真实性，很多人提出了种种质疑。对于这些质疑，在2006年5月，赵教授接受媒体采访时是这样回答的：

北京科技报：仅仅依靠从颅骨上提取的一些基本线条，如何就能确定一个人面部的细微特征呢？

赵成文：人类的面貌纵使千差万别，但仍然存在一些规律性，因人种、地域、年代的不同而不同。从颅骨上提取一些基本信息，就可以确定五官的位置、长度、宽度、大小，根据眼孔、鼻骨的形状可以确定眼睛、鼻子类型，然后依据七十个年龄段的人的一般面部特征，运用电脑技术，结合手工描绘，便可复原出一张鲜活的面容。

北京科技报：这样复原出的古人头像会不会存在较大的相似性？

赵成文：我目前复原出的头像还没有相似的。其实，除掉头发、胡须、衣饰等外部装饰，在常人看来，很多人都长得挺相似的。

北京科技报：从一个颅骨如何能复原出多张不同年龄段的头像呢？

赵成文：这就充分应用了人类发展的一些规律性的东西。一个人从年轻到年老，面部容貌的变化是有规律性的。我们进行大量科研，摸索出这种规律性，然后建成数据库，通过电脑软件，根据一张头像便可以绘制出一个人不同年龄段的相貌。这比通过颅骨来复原头像要容易一些。

在谈及"香妃"复原图是否符合自己心目中的"香妃"容貌时，更多的网友则表示复原的所谓"香妃"画像更像现代人。

辽宁《华商晨报》的记者冯翔专门电话采访了当年亲手找到"香妃"头骨的徐广源先生。

徐广源，男，满族，1946年3月出生，河北省遵化市人。四十余年来，徐广源先生一直从事清陵的研究并曾担任清东陵文物管理处研究室负责人，先后参加过裕陵地宫、慈禧陵地宫、容妃（香妃）墓地宫和纯惠皇贵妃墓地宫的清理工作，是他找到了容妃（香妃）的头颅骨。1984年亲手整理过慈禧的遗体。他还探视过乾隆帝的诚嫔地宫、康熙帝的皇十七子果亲王允礼地宫、果郡王弘瞻园寝内的永瑹和绵从地宫、康熙帝的保姆保圣夫人地宫。出版《清东陵史话》《清西陵史话》《大清皇陵探奇》《清朝二十六后妃》《清皇陵地宫亲探记》《大清后妃私家相册》等

徐广源（右）与著名清史专家戴逸先生（左）在第十届国际清史研讨会上

二十余部著作，曾是中国紫禁城学会会员、中国清宫史研究会理事，多次在中央电视台、河北卫视和辽宁卫视等媒体做客讲课。

记者：您还记得当初发掘时的情景吗？

徐广源：记得。当初就是我找到了容妃的头骨。当时地宫里有一人多深的水，用水泵抽了半天后，地宫还有十几厘米深的泥浆，我们是在泥浆里放上大砖头，在大砖头上铺上脚手板，我们踩着脚手板进去的。进去后发现地宫已被盗过。棺椁被移动了。遗骨也被弄得乱七八糟，我用铁锹在泥浆里探找，忽然碰到一个硬东西，我用铁锹搂过来，双手从泥浆里把那硬东西捧出来一看，是一个头颅骨。容妃的主要遗物是一个头骨、一些肢骨、一条八十五厘米长的花白的发辫。发辫现在在裕陵展览，头骨则一直放在库房里，放了二十多年。这些年来，我没少看容妃头颅骨。

记者：这次赵成文教授复原了香妃的面貌，您觉得可信吗？跟流传的几幅"香妃画像"相比如何？

徐广源：他是通过头骨照片复原的，可信度应该较高。那几幅"香妃画像"，什么"旗装像""戎装像"，我都知道，都是没有历史依据的。当初在裕陵妃园寝享殿里确实有一幅容妃画像，但清朝灭亡后，被一个守陵的官员给弄走了。复原的像是否可信，我无法判断，不敢妄加评论。

记者：金庸和琼瑶都写了香妃，他们来考察过香妃的真实长相和事迹吗？

徐广源：都没有。这二十多年，容妃的头骨一直在库房里放着，从来不展览。他们都是根据想象写的，都是文学作品。

最后徐广源先生这样评价赵成文教授："上百年来赵成文第一次揭开了香妃的神秘面纱，其精神是值得肯定的。但像不像我不敢说，因为我不可能看到过活着时的真实的香妃，也没看过画像，无法比较。"

据考证，乾隆帝身边真的有一位来自新疆的女人，不过在史书中被称为"容妃"，而不是民间所说的"香妃"，并且死后葬在了清朝皇家陵园——清东陵。

第一章
古墓迷踪

乾隆帝的裕陵妃园寝不仅安葬的人数多，仅次于景陵妃园寝，而且里面的有名后妃更是多。其中最有名气的是来自新疆的维吾尔族女子——容妃。容妃墓盗口突然出现，令人颇感意外……

裕陵妃园寝秘史

据查，清东陵裕陵妃园寝的确埋葬着一位来自新疆的女子——乾隆帝的容妃。乾隆帝的容妃为什么要葬在裕陵妃园寝内？裕陵妃园寝到底是什么样子？

裕陵妃园寝是清东陵这座清朝皇家陵园里的一座妃园寝。要想知道裕陵妃园寝，有必要先了解一下清东陵的基本情况。

清东陵位于北京之东北二百六十余里的今河北省遵化市马兰峪镇以西，是我国现存规模最大、保存最为完整、体系最为完备的古代陵墓群之一。

清朝，从顺治元年（1644）一月到宣统三年（1911）十二月，统治中国长达二百六十八年之久，其间经历了十位皇帝，除了末代皇帝爱新觉罗·溥仪没建陵外，其余九帝分别葬在河北省的遵化和易县，即清东陵和清西陵[①]。

古代相度兆域，讲求前有照山[②]，近有案山[③]，后有靠山[④]。清东陵真是一个绝妙的天地造化的风水宝地，上吉佳壤！它北起雾灵山，南达天台山，总面积达到两千五百平方公里。雾灵山是清东陵的太祖山，是"后龙之正脉，风水之大源"。其山脉逶迤南伸，至昌瑞山而止。整个陵园以昌瑞山为界，山南为"前圈"，山北为"后龙"。后龙周环两百五十多公里，其内崇山峻岭，密林覆盖，人迹罕见，是陵寝的保护控制区。前圈四面环山，中间是四十八平方公里的平坦之地，诸陵寝均建在前圈之内。陵园东面的雁飞岭诸峰，千岩错落，文笔插天，势尽西朝，俨然左辅；陵园西面，黄花山层峦飞翠，叠嶂腾辉；象山、天台山横亘于陵园之南；位于雾灵山和昌瑞山之间的分水岭是"来龙"的脊背，众水东西夹流，左盘右绕，最后汇合于陵园之南的龙虎峪。这种

---

① 清西陵坐落在河北省易县梁格庄以西，是清王朝继东陵之后，在关内开辟的又一处皇家陵园。始建于雍正八年（1730），共建有皇帝陵四座，即雍正帝的泰陵、嘉庆帝的昌陵、道光帝的慕陵和光绪帝的崇陵。皇后陵三座：泰东陵、昌西陵和慕东陵。妃园寝三座：泰妃园寝、昌妃园寝和崇妃园寝。王爷陵两座，公主园寝和阿哥园寝各一座。总共十四座陵寝。葬有皇帝四位、皇后九位，妃嫔五十七位，亲王两位、阿哥五位、公主两位，阿哥长子一位，共八十人。在陵区外围，还建有王爷园寝和公主园寝多座，这些陪葬墓如今多数已毁坏不存在了。
② 照山：为古代风水术语。照山也叫"朝山"，是陵寝、宫殿等大型建筑前面所朝对的山，高于案山。清东陵的照山是金星山。金星山是孝陵、裕陵、惠陵、宝华裕陵寝的共同朝山。景陵的朝山是象山，定陵的朝山是天台山。
③ 案山：为古代风水术语。陵寝、宫殿前面较近处所对应的山，如同桌案，故名。案山一般低矮平缓，低于朝山。孝陵的案山是影壁山。
④ 靠山：为古代风水术语。陵寝、城市、宫殿后背依靠的山。清东陵的靠山是昌瑞山。

照山金星山

清东陵石牌坊及金星山

站在孝陵后靠山昌瑞山上看金星山

万山拱卫、众水夹流之势，强化了皇陵的神秘色彩和皇权神授的气氛，与庄严肃穆的皇家陵园保持了高度的和谐与统一。昌瑞山为燕山余脉，东西走向。中间主峰高耸，两侧山峰逐次低下，宛然一道天然屏风，它是东陵的后靠山。金星山位于陵园之南（前）。此山拔地而起，山形如倒扣的金钟，与昌瑞山主峰遥遥相对，它是陵园的照山。在金星山北有一座小山，似玉案前横，此为案山，当地人称之为"影壁山"。金星山、影壁山、昌瑞山恰好位于一条直线上，就如大自然按照人的意愿特地安排一般，景物天成，浑然一体。

登上昌瑞山顶峰，俯视南面的陵园，满目苍翠，朱墙金顶，辉映其间；环顾左右，山峰依次低下，井然有序，左面马兰河，右面西大河，河水从北向南奔流，在万绿丛中凸显出来的一座座金黄碧绿的琉璃瓦顶，在阳光的照耀下，熠熠生辉。转过身，极目远眺山北风光，但见千山卓立，万岭奔腾，连绵不绝，气势磅礴，有皇家"子孙万代连绵永胜"之意。清东陵的风水，奇山秀水相济，宏伟俊秀并举，令人目不暇接、心旷神怡。

清东陵的十四座帝后妃陵寝中，埋葬着五位皇帝、十五位皇后、一百三十六位妃嫔、一位皇子，共一百五十七人[①]。其中有清朝入主中原的第一帝顺治帝；有抚育两代幼主的清初女政治家孝庄文皇后；有当皇帝时间最长的享誉世界的康熙大帝；有寿命最长、号称"十全老人"的乾隆帝；有被洋人吓破胆子、最后死在热河避暑山庄的咸丰帝；有寿命最短、母子不和的同治帝；有两度垂帘听政、统治中国长达四十八年之久的慈禧；等等。清东陵周围还建有许多王爷、皇子、保姆、大臣等人的陪葬墓。这些陪葬墓中的墓主人也非等闲之辈，有的是皇帝的娇儿爱女，有的是叱咤风云的大将军，如顺治帝的皇四子荣亲王、乾隆帝的端慧皇太子；有顺治帝的皇二子、曾率军征讨叛军的大将军裕亲王福全；有两立两废的皇太子允礽；有文武双全、能征惯战的康熙帝的皇长子允禔；有曾与雍正帝争夺皇位的抚远大将军允禵；有心灵手巧、终身不嫁的苏麻喇姑；有为顺治帝殉死的侍卫傅达礼；有哺乳幼帝有功的四位皇帝保姆；有被乾隆帝称为"第一宣力大臣"的大学士傅恒等。清东陵的陵寝规制严格，皇帝、皇后的陵园用黄色琉璃瓦盖顶，而妃园寝和亲郡王园寝用绿琉璃瓦，其

---

① 此处所说的一百五十七人，没有包括清东陵陪葬的王爷、公主、保姆、忠臣墓等墓主人。

大清皇陵之隐秘的容妃陵

16

自金星山俯瞰孝陵

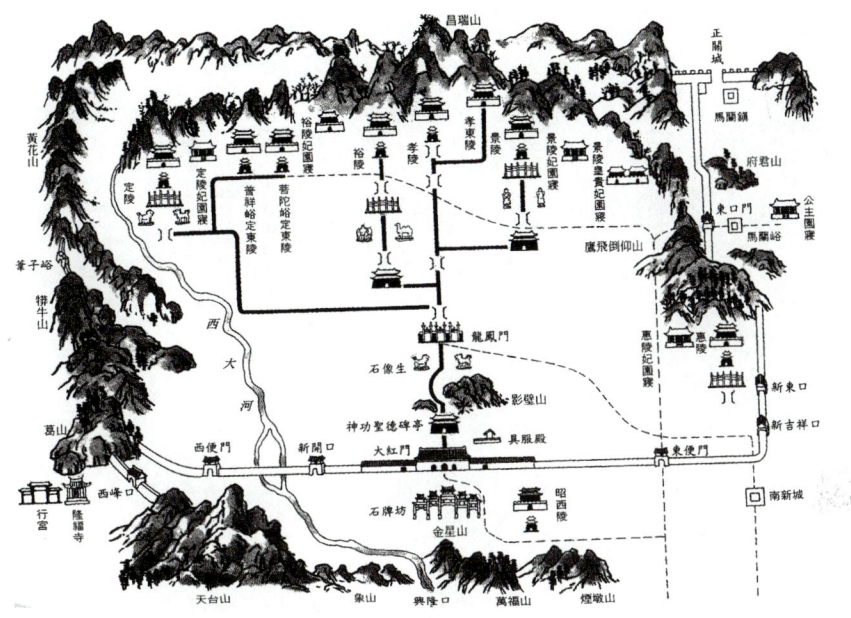

清东陵陵寝分布示意图

他陵园用布瓦盖顶，这充分显示出皇陵的森严等级与皇帝的尊贵身份。

明朝的陵寝制度，不论皇后死在皇帝之前还是之后，都要与皇帝合葬，葬到皇帝陵里，因此，没有皇后陵。皇帝的妃子死后不仅不与皇帝合葬，而且也不葬在皇帝陵旁边，有的甚至不葬在陵园之内。清朝入关以后，在陵寝制度上虽然效法明陵，但也不是死搬硬套，而是根据本朝的具体情况，进行了变化和改革，从而形成了清朝的陵寝制度。与明陵相比，清朝陵寝制度的一个重大变化就是建有皇后陵，并且把每朝皇帝的妃子都集中葬在本朝皇帝陵的旁边。皇后陵、妃园寝都建在每朝的皇帝陵左右，形成陪葬之势，从而使陵寝制度更臻合理。清朝的妃子墓称为"妃园寝"，为了表明这座妃园寝葬的是哪位皇帝的妃子，就在这座妃

景陵妃园寝鸟瞰

园寝的名称前面加上这位皇帝的陵寝名称。比如，康熙帝的妃园寝就叫"景陵妃园寝"，以此类推，"裕陵妃园寝"就是埋葬乾隆帝妃嫔的墓地。在封建社会，丧葬制度也存在着严格的等级差别。妃嫔的墓地只能称"园寝"，不能称"陵"。大门、享殿、焚帛炉等只能用绿琉璃瓦盖顶，不能用黄琉璃瓦，厢房则用灰布瓦，建筑规制上较帝、后陵明显低下。因此，绿琉璃瓦是妃园寝的明显标志之一。

裕陵妃园寝位于乾隆帝裕陵的西侧，坐北朝南，东、西、北三面砂山①环绕，始建于乾隆十年（1745），完工于乾隆十七年（1752）。整个园寝建有马槽沟、一孔拱桥、东西厢房②、东西值班房③、大门④、焚帛炉⑤、享殿⑥、园寝门、宝顶⑦，周围环以

---

① 砂山：陵寝两侧的山，早期陵寝的砂山多为天然山。中后期陵寝多为人工培堆，以弥补山势的欠缺。砂山的主要作用是遮挡风沙，使陵寝处于一个独立的小环境之中。砂山还有遮挡外界视线、美化环境的作用。
② 东西厢房：相当于帝、后的东西朝房，东朝房叫"茶膳房"，西朝房叫"饽饽房"。妃园寝、亲郡王园寝的大门外也建有茶膳房、饽饽房，或五间，或三间。妃子、亲郡王属于臣子，地位低于帝、后，所以园寝的茶膳房、饽饽房则不能称"朝房"，只能称"厢房"，也不能用琉璃瓦盖顶，一般无前廊，体现了严格的等级制度。
③ 值班房：也叫"班房""值房"，位于大门外东西两侧，单檐硬山卷棚顶，面阔三间，两暗一明，稍间内建有火炕，房后有小院。是护陵的八旗官兵的住所。
④ 大门：相当于帝、后陵寝的隆恩门。隆恩门是进入陵院唯一的门户，单檐歇山顶，面阔五间（昌西陵和慕东陵为三间），黄琉璃瓦顶，有三个门口，俗称"宫门"。中门上槛之上悬挂斗匾一方，上题"隆恩门"三字，竖向排列，满文居中，蒙、汉字分居左右，均为镀金铜字。隆恩门的三个门，什么人走哪门都有严格的规定。中门是神门，帝、后的棺椁、神牌、祝版、制帛由此门通过。左（东门）为君门，是皇帝出入的门户。右（西门）是臣门，是臣工们出入的门户。妃园寝的大门则不能称"隆恩门"，只能称"大门"，而且面阔均为三间，绿琉璃瓦顶，规制较帝、后陵大为缩减。
⑤ 焚帛炉：又称"燎炉"。单檐歇山顶，通体用黄色琉璃构件砌筑，造型小巧玲珑，晶莹剔透，左右对称而建，用以焚化祭陵时供奉的祝版、制帛、纸张（包括各色纸、素纸）、金银锞子（用金银纸折成的小元宝锭）等。妃园寝只有一个焚帛炉，位于左旁，并且为绿色建筑。
⑥ 享殿：俗称"大殿"，帝后陵称"隆恩殿"，即祭殿、享殿。妃园寝则不能称隆恩殿。每年举行清明、中元、冬至、岁暮、忌辰等五大祭处所。它是陵寝最重要的一座地面建筑，殿前有月台，以台阶上下。清朝帝后陵寝中的隆恩殿，除了昌西陵、慕陵、慕东陵为单檐歇山顶之外，余者均为重檐歇山顶。其月台上陈列铜鼎式炉、铜鹿、铜鹤，殿檐下悬挂一方以满、蒙、汉文字写的红框青底金字"隆恩殿"匾额。隆恩殿内设暖阁（以门扇、隔板、天花板等在殿内构成的小屋）三间，中间和西间供奉死者的神牌，东暖阁为佛楼，或称仙楼，自乾隆裕陵开始设置，皇后陵仅泰东陵、菩陀峪定东陵有之。暖阁内亦存放金玉器具、陵图及死者画像，四壁为锦绸壁衣。暖阁前设帝后之龙凤宝座，座前是供案，案前放置牲匣，匣前有五供（中间有一只香炉，左右各有一对烛台、花瓶）。每当祭陵日，将神牌由暖阁中取出，供于宝座上，摆齐一应供品，然后上香等，场面庄严肃穆。妃园寝享殿内不设佛楼。
⑦ 宝顶：皇陵内的坟丘即封土，呈圆形或长圆形，向上隆起尖顶，其大小因国势兴衰和墓主身份高低而定。

红墙，地势平坦，松林葱郁，肃穆而幽静。园寝建成后，初称"胜水峪妃衙门"。

乾隆二十五年（1760），乾隆帝下令改建妃园寝，仿照景陵皇贵妃园寝规制，在妃园寝的后院前部正中增建方城①一座，上建单檐歇山顶的明楼②，方城后面建宝城、宝顶。增建东西配殿③

---

① 方城：坟冢前的方形城台。古人有"事死如事生"的传统，故陵寝内建有"寝宫"，生活用品一应俱全，每天有宫女侍奉。到明太祖朱元璋时，取消寝宫之制，废止留宿的宫女，撤销日常供奉，将原来的寝宫改建成方城与明楼。方城建于月台之上，与宝城相连。城台东、西、南三面砌雉堞，北面砌宇墙。有的方城两侧直接建梯道，可供上下。有的方城正南中央设有一个南北向的拱券门洞，称为古洞门或瓮门，可由此进入哑巴院内，再循转向踏跺（又称"磴道"，即砖石阶梯）登明楼、上宝城；若无哑巴院，则在古洞门内尽头处两侧另开扒道券门，拾级而上，经转向踏跺上宝顶，再登转向踏跺可至方城、明楼。清代一般帝后陵的方城两侧设有看面墙，其作用是将方城前面的院落与宝城、宝顶分隔开来，并将陵园东西两旁的宫墙和宝顶后方的罗圈墙（或作罗锅墙，即平面呈弧形的围墙）联结在一起。看面墙设有随墙角门，由此可进入宝城与罗圈墙之间的院落。

② 明楼：明清两代皇陵中最高的建筑，位于圆形宝城正前方，实则与宝城合为一体。明楼坐落在方城之上，作用近似碑亭。重檐歇山顶，覆黄色琉璃瓦，四面墙各开一个券门，南面两层檐之间正中悬挂红框青底的匾额，刻陵名，楼内竖立一通石碑，碑顶雕有蟠龙，碑额镌刻"大清"二字，碑阴刻"×××××之陵"字样，作用与墓碑相同。清朝帝后陵明楼内的朱砂碑，碑阳用满、蒙、汉三种文字刻，朱砂涂面，故有"朱砂碑"之称。清朝陵制，妃园寝不建方城、明楼。景陵皇贵妃园寝和裕陵妃园寝明楼属于特例，均建有明楼与方城，明楼为单檐歇山顶，明楼内的朱砂碑形式同前所述，但碑阳仅用满、汉两种文字刻"××皇贵妃园寝"字样。

③ 东西配殿：位于隆恩殿前东西两侧。单檐歇山顶，在关内的十六座帝后陵中，除昌西陵、慕陵和慕东陵配殿为三间外，其余均面阔五间，有前廊。东西配殿的功用是不一样的。东配殿是存放祝版和制帛的地方。祝版是粘贴着祝文的方形木板。制帛是供放在神位前的一种丝织供品。清朝制帛有七种，即郊祀制帛、告祀制帛、奉先制帛、礼神制帛、展亲制帛、报功制帛、素帛，颜色有红、黄、黑、白、青五种。帝、后陵所用的是白色的奉先制帛。在大祭的前一天，将祝版和制帛存放在东配殿内。祭日，再由东配殿内取出，供放在隆恩殿内，祭毕焚化。东配殿还是临时供放神牌的场所。每当大修隆恩殿时，将帝、后、妃的神牌提前移供于东配殿内，待工程告竣后，再将神牌移回隆恩殿。西配殿是喇嘛念经的地方。每当帝、后忌辰祭日，由隆福寺或永福寺派十三名喇嘛在西配殿念《药师经》，超度亡灵。景陵皇贵妃园寝和裕陵妃园寝的西配殿功能如何，目前不得而知。

裕陵妃园寝方城明楼

裕陵妃园寝一孔拱桥

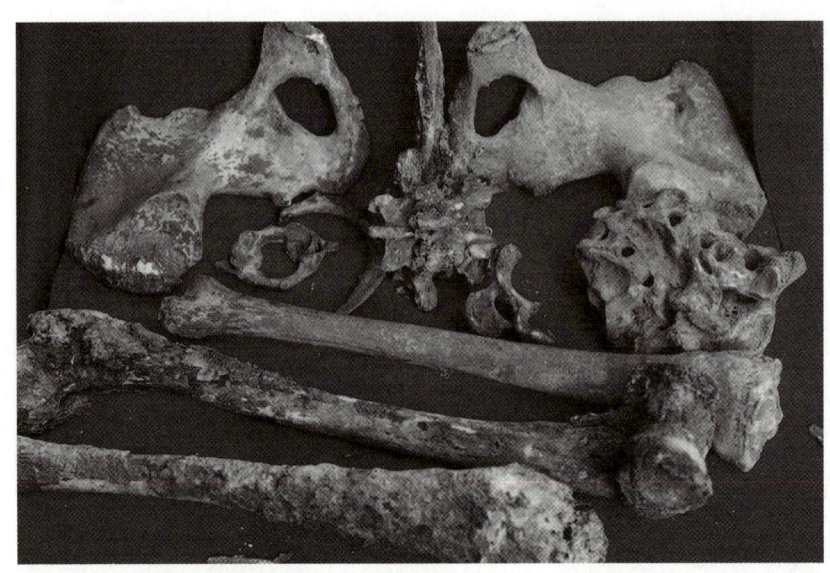

纯惠皇贵妃地宫发现的纯惠皇贵妃与那拉皇后的遗骨（部分）

各五间；把三座园寝门及两边的面阔墙拆除，改建到享殿两旁，每侧建园寝门一座。增建、改建工程历时两年，到乾隆二十七年（1762）才完工，直接动用白银十三万四千零四两三钱三厘。另外从京师直接领用的铜、铁、铅、颜料、琉璃瓦料等各项物料总价值为二万二千九百三十八两四钱二厘。乾隆二十七年（1762）纯惠皇贵妃入葬后，改称"纯惠皇贵妃园寝"。嘉庆四年（1799），乾隆帝入葬裕陵后，正式改名为"裕陵妃园寝"。

清朝标准规制的妃园寝不建方城、明楼、宝城，不建东西配殿，而这座裕陵妃园寝一应俱全，其规制大大超越了标准。裕陵妃园寝的园寝门改建在享殿两旁的墙上，很显然这种设计是效仿昭西陵。昭西陵因为后院过于狭窄，无法建陵寝门，只得将陵寝门建在了隆恩殿的两侧。

清朝关内关外共有十座妃园寝，规制最高的有两座，即景陵

景陵皇贵妃园寝双明楼

皇贵妃园寝和裕陵妃园寝。景陵皇贵妃园寝建有两组方城、明楼和宝城、宝顶，两组建筑左右并排，享殿前设有"丹凤朝阳"的丹陛石，东西厢房带前廊，这些都是裕陵妃园寝所没有的，所以裕陵妃园寝规制仅次于景陵皇贵妃园寝[①]而位居第二位。

裕陵妃园寝内葬有一位皇后（那拉皇后）、两位皇贵妃（纯惠皇贵妃、庆恭皇贵妃）、五位贵妃（颖贵妃、婉贵妃、忻贵妃、循贵妃、愉贵妃）、六位妃（舒妃、豫妃、容妃、惇妃、芳妃、晋妃）、六位嫔（仪嫔、慎嫔、诚嫔、恭嫔、怡嫔、恂嫔）、十二位贵人（瑞

---

① 景陵皇贵妃园寝，位于景陵妃园寝东南的七棵树地方，内葬悫惠皇贵妃佟佳氏（孝懿仁皇后之妹，乾隆八年薨）与惇怡皇贵妃瓜尔佳氏（原为和妃，乾隆三十三年薨）。乾隆帝弘历十二岁入宫读书，曾受两位妃祖母抚养照看，留下良好印象。为报答这份恩情，弘历于乾隆四年（1739）为她们另建园寝，约在乾隆七年（1742）完工。该园寝在东陵五座妃园寝中面积最大，也是清朝规格最高的妃园寝，建有方城、明楼、宝城，东西配殿、享殿前设丹陛石，东西厢房亦设前廊。

贵人、鄂贵人、寿贵人、白贵人、金贵人、武贵人、新贵人、福贵人、顺贵人、禄贵人、秀贵人、慎贵人)、四位常在(宁常在、张常在、揆常在、平常在),共三十六人,在清朝妃园寝中人数仅次于景陵妃园寝①,居第二位。

乾隆帝的这三十六个后妃个个都是大家闺秀,人人都是窈窕淑女,都称得上是美女佳丽。她们来自不同的家庭,每个人都有不同的经历,有的终生受宠,风风光光,笑到最后;有的默默无闻,在平平淡淡中了却一生;有的因触犯龙颜,境遇悲惨,含恨而死;有的寿终正寝;有的徂落他乡;有的在宫中终老。不管她们的结局如何,最后都葬在了这座妃园寝内。许多人认为,皇帝的妃嫔在皇帝驾崩以后,都为皇帝殉葬而死,一起葬入妃园寝内,其实并不是这样。早在明英宗时就废止了妃嫔为皇帝殉葬这一残酷制度。清初虽然有妃嫔殉葬的,但那也是极个别的现象。到了康熙年间,不仅没有妃嫔为皇帝殉葬,就连奴仆都严禁为主人殉葬。所以妃园寝的这些妃嫔都是自然死亡而陆续葬入妃园寝的。如果死亡日期相近,则两人或三人一起从京城的殡宫奉移园寝,同日入葬。

据记载,裕陵妃园寝的这三十六人是分二十一批葬入园寝的。第一批葬入园寝的是仪嫔、秀贵人和张常在。仪嫔是乾隆帝即位

---

① 景陵妃园寝是清王朝在关内营建的第一座妃园寝,位于景陵东侧一里处,坐北朝南,内葬康熙帝的四十八位妃嫔和一位皇子,共四十九人。始建于康熙十五年以后,完工于康熙二十年。初称"妃衙门",到雍正五年改称"景陵妃园寝"。由南往北依次为:一孔拱桥及平桥、东西厢房、东西值班房、大门、焚帛炉、享殿、园寝门,后院内是宝顶群,宝顶下墓室结构有石券、砖券、砖池三种。大门、享殿、焚帛炉等以绿琉璃瓦盖顶;厢房、值班房覆以灰布瓦。建筑规制和规模逊于帝、后陵,景陵妃园寝的建筑格局成为清朝妃园寝的样板。

前的侍妾，很受宠爱，雍正帝死后刚一个月就被诏封为嫔，还没来得及行册封礼就于乾隆元年（1736）死了。仪嫔是乾隆帝即位后后妃中最早离世的。秀贵人和张常在都死于乾隆十年（1745）。这三个人死后，因为妃园寝还没有建，所以棺椁都临时停放在北京城外的静安庄殡宫。乾隆十七年（1752）裕陵和裕陵妃园寝建成。这年十月，她们三人的棺椁随着孝贤纯皇后、慧贤皇贵妃、哲悯皇贵妃的棺椁从静安庄殡宫一起奉移东陵。十月二十七日，孝贤纯皇后和两位皇贵妃葬入了裕陵，而仪嫔三人葬入了妃园寝，成为这座妃园寝的第一批主人。最后葬入这座妃园寝的是晋妃，她是乾隆帝最后离世的未亡人，于道光三年（1823）入葬。从第一批入葬到最后一批入葬，前后延续了七十年之久。

这三十六人的宝顶在园寝后院共分五排，每排雁翅形横向排列，第一排三座、第二排七座、第三排九座、第四排十一座、第五排五座，共三十五座宝顶。除正中的大宝顶下的地宫里葬纯惠皇贵妃和那拉皇后两人外，其他三十四人，每人一个地宫一个宝顶。地位高的妃嫔葬在前排，宝顶也相对较大。地位低的葬在后排。如果在同一排，地位高的在中间，地位低的往两边排列。关内妃园寝都是按这个规律排列的。第二排正中葬的

庆恭皇贵妃和年幼的嘉庆帝

是庆恭皇贵妃陆氏。

陆氏也是皇贵妃,为什么她不能像纯惠皇贵妃那样也建方城明楼、宝顶环以带雉堞的宝城呢?难道陆氏不受宠吗?为了弄清这个问题,我们先了解一下庆恭皇贵妃的身世。

庆恭皇贵妃陆氏于乾隆十三年(1748)封为贵人,乾隆十六年(1751)晋为庆嫔,乾隆二十四年(1759)晋为庆妃,乾隆三十三年(1768)晋为庆贵妃。乾隆三十九年(1774)七月十五日病死,享年五十一岁。乾隆四十年(1775)十月二十六日入葬。由此可知,陆氏死时是贵妃,死后是以贵妃的身份入葬的,将她葬在第二排正中之位已经很难得了。为什么这样说呢?因为这排还葬有忻贵妃、愉贵妃和循贵妃,除了贵妃,还有三位妃。也就是说这排有四位贵妃,陆氏却能位于正中的最尊贵之位,而那三位贵妃在她的旁边,说明陆氏在贵妃中是比较受宠的。

既然陆氏死时只是一名贵妃,那么又是何时晋为庆恭皇贵妃的呢?为什么她死后还要给她晋级?原来,嘉庆帝年幼时,曾受到过陆氏的精心抚育、看护,她在嘉庆帝心目中留下了良好的印象。嘉庆帝亲政后,为报答陆氏的抚养之恩,就在他亲政的第二天即嘉庆四年(1799)正月初四日降谕,追赠陆氏为庆恭皇贵妃。他在谕旨中说:"朕自冲龄蒙庆贵妃养母抚育,与生母无异,礼宜特隆典礼,加晋崇封。兹追封为庆恭皇贵妃。"庆贵妃既然已封为皇贵妃,为什么不能像纯惠皇贵妃那样建方城、明楼、宝城、宝顶呢?分析其中原因,有以下五点:

其一,时间久远。当时庆恭皇贵妃已入葬二十四年,不宜再从地宫中起出,待建好方城、明楼、宝城后再重新安葬。

其二，财力匮乏。如果要为庆恭皇贵妃建造一处与纯惠皇贵妃一样的方城、明楼、宝城、宝顶、地宫，则只能与纯惠皇贵妃的方城明楼左右并列，这样就势必要拆除处于正中之位的纯惠皇贵妃的方城、明楼、宝城、宝顶、地宫，连拆再建，大兴土木之工，太劳民伤财。这时清政府的财力与乾隆二十五年(1760)已不能相比。

其三，葬位迁移。如果真的要拆除纯惠皇贵妃的方城、明楼、宝城、宝顶、地宫，势必要将纯惠皇贵妃的金棺移出来，更重要的是地宫里还有一个失宠的那拉皇后。这位皇后怎么办？这是一件非常棘手难办的事情。

其四，受地方限制。我们知道，在为纯惠皇贵妃建方城、明楼、宝城、宝顶、地宫的时候，就因为后院地面狭窄，拆除了三座园寝门和面阔墙。如果想为庆恭皇贵妃建造的话，后院也实在没有地方可建了。

其五，已属尊贵。庆恭皇贵妃生前仅是贵妃，死后二十四年能够被追封为皇贵妃，已是难得的殊荣，与乾隆帝的纯惠皇贵妃不能相比。

根据以上五条分析，不给庆恭皇贵妃建方城、明楼、宝城、宝顶是完全合情合理的。

裕陵妃园寝第三排宝顶东数第一座宝顶下的墓主人可是一位有名的女人，她就是乾隆帝晚期的宠妃惇妃。她之所以出名，并不是因为她是十公主固伦和孝公主的生母，也不是因为她与乾隆帝的年龄相差三十五岁，而是因为她在乾隆四十三年（1778）十一月初的某一天，竟活生生地打死了一名宫女，惹起了一场轩然大波。乾隆帝对此事十分重视，案发第二天，他就把众皇子和军机大臣等召进皇宫,向他们宣讲了一道长谕。他说:"昨惇妃将伊宫内使唤女子责处致毙,事属骇见。""虽为主位之人,不宜过于狠虐。""从未有妃嫔将使女毒殴立毙之事。今惇妃此案,若不从重办理,于情法未为平允,且不足使各位宫闱之人咸知警畏。况满汉大臣官员将家奴不依法决罚,殴责立毙者,皆系按其情事分别议处,重则革职,轻则降调,定例森然,朕岂敢稍存歧视。惇妃即著降封为嫔,以示惩儆,并令妃嫔等嗣后当引以为戒,毋蹈覆辙,自干重戾。""至若纵性滥刑,虐殴奴婢,不但福晋、格格等不宜有,即诸皇子亦当切戒。且如朕为天下主,掌生杀之权,从未尝有任一时之气,将阉竖辈立毙杖下,诸皇子岂不知之?"接着,乾隆帝对此案做了如下处理:将惇妃降为惇嫔,罚银一百两;将翊坤宫首领太监郭进忠、刘良革去顶带,罚钱粮二年;因不能及时劝阻,将翊坤宫总管太监王忠、王承义、郑玉桂、赵德胜各罚钱粮一年。以上太监皆因受惇妃牵连,所以他们被罚的钱

裕陵妃园寝第三排部分宝顶

粮的一半由惇妃代缴；将罚惇妃的一百两银子交给被打死的宫女父母作为埋葬费；命总管内务府大臣将上述谕旨遍谕宫内诸人。再抄录两份，分别存记于上书房和敬事房。

惇妃胆敢在光天化日之下将宫女活活打死，惇妃何许人也？惇妃，汪氏，出

惇妃像

身于上三旗之一的镶白旗满洲。她出生时，乾隆帝已经是三十六岁的中年男子了。汪氏十八岁入宫，初封为永常在，凭着她的美貌秀色，很快就赢得了乾隆帝的宠爱。到乾隆三十九年（1774）时，汪氏被晋封为惇妃，成了后宫中炙手可热的人物。在乾隆帝六十五岁时，惇妃给乾隆帝生下了一个公主，排行为十公主，这是乾隆帝最后一个公主。乾隆帝老来得女，自然是格外高兴。爱妃生的这位小公主天资颖慧，妩媚俏丽，被乾隆帝视为掌上明珠。这位小公主刚六岁，就被指配给当时朝中第一宠臣和珅的儿子丰绅殷德为妻，破例封为固伦和孝公主。因为按规定只有皇后生的公主才能被封为固伦公主，妃嫔生的公主只能被封为和硕公主。十公主被封为固伦公主，可见母女是何等受宠爱！惇妃依仗自己受宠，逐渐骄横起来，脾气猛长，对宫女横挑鼻子竖挑眼，所以才造成了这桩打死宫女的惨难。惇妃被降为嫔之后不到一年，又恢复了妃位，依然受宠。嘉庆十一年（1806）正月十七日，惇妃

病故，终年六十一岁。第二年葬入了裕陵妃园寝。

在这座园寝内最后一排东数第二个地宫里，埋葬着一位命运悲惨的女人，她就是顺贵人。别看她葬在位置最低下的最后一排，其封号又是贵人，但在她的人生旅途上可谓是大起大落，人生坎坷，最后的结局竟然很悲惨。

顺妃像

顺贵人，钮祜禄氏，她是钮祜禄·爱必达的女儿。她生于乾隆十三年（1748），比乾隆帝小三十七岁。她十九岁入宫，初封为常贵人，当时乾隆帝已五十六岁。乾隆四十一年（1776）六月她被诏封为顺妃。当时后宫中没有皇后，也没有皇贵妃和贵妃，妃就是最高的（颖贵妃、婉贵妃都是嘉庆帝即位后晋封的。忻贵妃、循贵妃、愉贵妃都是死后追封的）。正当她的册封礼一切准备就绪，即将举行之际，未想到皇太后于乾隆四十二年（1777）正月驾崩了。在大丧期间是不宜举行册封礼的，所以顺妃的册封礼被推迟到乾隆四十四年（1779）十月二十日才举行。

俗话说"天有不测风云，人有旦夕祸福"。正当乾隆帝对顺妃宠幸有加的时候，乾隆五十三年（1788）新年刚过九天，正月初九日，总管太监王承义向顺妃传达了皇帝的一道旨意：将顺妃降为嫔，其妃份册、印撤出，交内务府大臣。这对顺妃来说有如晴天霹雳。一波未平，一波又起，刚过半个月，王承义又向顺妃宣布了一道皇帝的谕旨：将顺嫔降为贵人。其嫔份、金册撤出，交内务府大臣。这接连不断的降级，到底是什么原因？官书中没有记载，档案上也未说。看来只有乾隆帝和顺妃心里最清楚。可是两人都已作古，此事只能是不解之谜了。

从此，顺贵人整日以泪洗面，夜伴愁眠。熬了两年多，于乾隆五十五年（1790）八月初，带着忧伤离开了人世，终年四十三岁。第二年的十二月十八日葬入裕陵妃园寝。

每个人的生活经历都是一个故事，裕陵妃园寝里面的故事更是旁人难以想象的。

"天现"盗口

清王朝灭亡后，民国政府虽然承诺保护清朝皇陵，但因军阀混战，财政紧张，也就无力顾及皇陵的保护了。大小军阀、官僚、土匪和部分护陵人，甚至把皇陵当成发财、谋生的宝地。他们趁着政局混乱，大肆偷盗陵寝宝物，挖掘地宫，抛尸毁棺，盗窃随葬品。

裕陵妃园寝地面建筑早在1928年7月以前就遭到了严重破坏。孙殿英盗掘裕陵和慈禧陵之后，逊帝溥仪派来的处理善后人员在调查裕陵妃园寝时这样记录：

> 东朝房门窗、坎框被盗，西朝房门窗、坎框全失，宫门门存，铜钉全失，享殿神龛、门窗、坎框全失，大殿后檐瓦垅已松动脱落，陵寝后院的两个角门及坎框全被盗走。

裕陵妃园寝享殿

裕陵妃园寝西配殿

从这段记载中可以看出，在1928年时，裕陵妃园寝的被破坏程度已相当严重，这时距清政府灭亡才十七年，陵寝已基本处于无人管理状态了。一些护陵官员与当地官府、奸商勾结，监守自盗，没有人敢把实情上报给政府和逊帝溥仪。1980年，当地农民在裕陵妃园寝附近的地里干活儿时，从地里挖出了许多铜门钉，因发现及时，清东陵文物保管所将门钉收回。通过从地里挖出门钉这件事可以推想，在清东陵的地里可能埋着不少清东陵的遗存文物。在挖到门钉之前就曾从地下挖到过当年建陵时用剩下的琉璃瓦，当地老百姓叫"瓦窑"。

记载裕陵妃园寝地宫被盗的最早日期是1929年农历十一月，第一个被盗的是园寝中地位最高的纯惠皇贵妃墓地宫。逊帝溥仪在报纸上得到裕陵妃园寝被盗的消息后，再次派人去东陵重殓尸骨。1929年12月31日，被派去的重殓人员向溥仪汇报：

臣载泽、臣载瀛跪奏为奏闻事，窃准东陵守护大臣乐泰函，据守护股报称：本月二十二日，查见纯惠皇贵妃园寝明楼内地砖有挖掘痕迹，是否被匪盗通，未敢擅自开视等情前来。当于次日会同遵化县公安局巡官胡鼎勋、马兰峪保卫团团正曹均乐前往详查，确系被匪盗通，当派员入内查勘，见金棺损毁，玉骨凌乱，伤心惨目，所不忍言。旋将盗口暂封，听候办理。所有本案人犯，业经马兰峪西区联庄会会同公安局拿获四名，并抄出掘挖器具、手枪等物，均转解遵化县政府讯办，请速向省政府交涉严办等因到处。当经臣处电请总司令阎锡山迅派得力军队前往驻守，俾资震慑。一面函请河北省政府及民政厅转饬遵化县、易县公安局先行就近拨派警察前往两陵驻防，藉弥隐患。其已获未获人犯并请分别严缉重惩，以儆凶顽。理合将臣处办理情形先行奏闻，伏乞皇上圣鉴，谨奏。

载泽、载瀛
宣统二十一年十二月初一日

马兰峪东府大殿（东陵守护大臣府邸）

载泽等人这次赴东陵处理纯惠皇贵妃墓地宫被盗事宜，修复了被毁坏的棺椁，将纯惠皇贵妃和那拉皇后重新进行了安葬，填砌了隧道。重殓、修理共用款银二千一百五十五元一角九分，并恳求民国政府缉拿盗犯。事后捉得盗墓贼四名，均解交遵化县政府处理。

中国第一历史档案馆藏有一份这次载泽等人处理纯惠皇贵妃墓地宫被盗的开支详单：

谨将办理纯惠皇贵妃善后事宜用款数目清单逐项开列，恭呈御览。计开：明黄蟒缎被褥二分，明黄加重里绸，银二百九十五元三角八分；修理金棺用江西紫枋，银二百四十五元；大赤金叶朱漆银朱，银四十八元六角；祭告预备祭品，银二十一元二角五分；五色纸钱，银二十四元；开砌隧道工料，

裕陵妃园寝大门上的铜门钉

银二百二十三元四角五分；黄布包袱油布棉花，银十五元三角六分；手电灯，银三十四元八角；赁水月电灯、汽油灯，银六十六元五角；往返雇用汽车，银二百十五元；赴陵官员津贴，银一百八十元；木匠漆匠工，银一百五十六元；驻守连部军队给养，银三十元；租赁宿舍，银二十元；赏犒连部军队、本地保卫团团丁、工匠、汽车夫等，银一百五十八

元；裱糊房间人工纸张等项，银十八元五角；抬运物件雇觅人夫，银三十八元；茶叶、洋烛、煤油等项，银十七元六角七分；志林奉派先期赴陵恭查园寝被盗情形往返旅宿各费，银八十五元五角；又赏犒保卫团团丁、公安局巡警等，银二十六元。共用银二千一百五十五元一角九分，共领到银二千二百元，除用尚余银四十四元八角一分。

载泽、载瀛
宣统二十二年三月十一日

日伪时期，日本帝国主义在侵占我国东北三省后，为达到进一步侵略中国、笼络溥仪的目的，除了在马兰峪设立领事馆、修建飞机场、派驻宪兵队等外，还在东陵地区建立进行奴化教育的东陵学院。

1945年，日本投降后，国民党蒋介石发动全面内战，这时候

裕陵妃园寝内第二排部分宝顶

的清东陵管理机构已不复存在，完全处于无人管理状态，清东陵的各座陵寝也相继被盗。容妃墓作为裕陵妃园寝中的一个，自然也在劫难逃。但容妃墓具体是在什么时间被盗掘的，是被谁盗掘的，都被盗走了什么珍宝，却没有留下任何记载。其他的墓被盗情况也没有任何记载。

据原蓟县公安局云光局长回忆1945年处理东陵盗案时说：

在清查盗陵案犯时，有一天在马兰峪听人讲："今晚裕妃陵有事。"说得支吾不清，又不肯详细报告，估计裕妃陵有情况。天刚黑，我带着赵蔚、唐建中和公安保卫队二十来人，赶到裕妃陵，将靠近砂山时，被匪徒哨兵发现，向我们开了枪。我告诉部队不要还枪，把部队撒开，把陵前陵后包围起来。可是那几声枪响后，匪徒听到信号，早逃跑了。我们进了陵，一个人影也没有了。只见满院子土垛子，其中有的土垛子被挖开半个，还没来得及全打开，人就逃之夭夭了。

裕陵妃园寝在二十世纪三十年代被盗以后，又多次遭到土匪和一些不法之徒的扫仓。其地面建筑由于人为和自然的原因也遭到了严重破坏。东配殿、东西厢房、班房只存基础，享殿也只剩下半个房架子，西配殿南次间塌陷，园寝门① 及卡子墙②、燎炉均残破严重，明楼屋顶全无，大宝顶后的三十四座小

---

① 园寝门：进入陵寝后院的门。陵寝作为阴宅也是按"前朝后寝"格局设计营建的。享殿、东西配殿所在的前院部分属于"前朝"，方城、明楼、宝城、宝顶则属于"后寝"。"后寝"的门户就是园寝门，有门三座。

② 卡子墙：就是陵寝门两侧的红墙，也叫面阔墙。

宝顶和台明、踏跺也残破错位，整个园寝内外瓦砾遍地，杂草丛生，惨不忍睹。

中华人民共和国刚成立时，由于国家财力紧张，古建维修经费极少，在二十世纪六七十年代，对那些残破极为严重的建筑，采取"落架保护"的办法，换句话说就是"拆"，这在当时也是不得已的办法。其中河北省文化局的一封便函这样写道：

遵化县文教局：

你县清东陵文物保管所"关于拆落裕妃陵已残破不堪的小明楼、东配殿、西厢房三个单体建筑的请示报告"（已抄送你局），经我局研究，并报请文化部批示，业已批准。同意将上述三个单体建筑物落架，保存其构件。同时，清理出地基，留作标志。

一九六五年七月十三日

1979年8月，国家文物局下拨维修专款，由清东陵文物保管所对裕陵妃园寝进行全面维修。当年9月，清东陵文物保管所古建筑队进入裕陵妃园寝，维修工程全面展开。陆续清理了院内的垃圾、杂草，修复了焚帛炉、园寝门、西配殿、享殿、方城、明楼及东西六十五米长的卡子墙。

明定陵和清裕陵地宫的清理开放，揭开了明清两朝皇帝陵地宫的神秘面纱，但清朝妃子地宫是什么样的，盗匪是怎么进入地宫的，人们还不大清楚。好像老天有意赐给人们一个了解妃子地

裕陵妃园寝大门及西班房

裕陵妃园寝墙

宫的难得良机,东陵古建队在维修裕陵妃园寝时,突然"天现"盗口,清朝妃子地宫之谜随之解开,容妃即是香妃,这样一个真相也将展现在人们面前。

1979年10月2日,这是一个清东陵值得记住的日子。这天下午,紧张忙碌的瓦工们在裕陵妃园寝后院正在维修第三排西侧的恭嫔宝顶及胎。女小工魏香云从园寝前院进来,路过容妃宝顶时,无意中发现月台踏跺处不知什么时候塌陷出了一个大深洞,黑幽幽的。她不由惊叫了一声,立刻意识到问题的严重性,飞快地跑去告诉正在干活儿的瓦工组组长赵生。赵生立刻赶到现场,指挥工人保护现场,并把所发生的事件,迅速报告给所长。

所长宁玉福找到所里负责文物保管兼研究工作的徐广源,他们一起来到裕陵妃园寝。正在现场施工的工人们早已停下手里的活儿,围拢在容妃墓前,大家正在议论纷纷,见到所长来了,

裕陵妃园寝东配殿(1964年)

裕陵妃园寝西厢房（1966年）

便让开了一条道。

容妃墓的规制与其他妃墓相同，都是在月台上起建宝顶，月台下面为地宫。月台角柱石和踏垛均为青白石。月台的台帮都用砍细澄浆城砖砌成。

在月台前踏垛处有一大洞，悬空欲坠的台阶条石已被铁丝、麻绳捆吊在木架上，以免坍落下去。洞口处有几根压断的、大概有茶杯粗的圆木棍，这很可能是当年盗墓贼在盗掘完地宫后，为了掩人耳目，用这些木棍把条石棚架了起来。由于天长日久，雨水浸蚀，木棍糟朽而折断，因而条石下落，塌陷成深洞。

从洞口往下看，里面虽然很黑，但借助外面的光线，还能看个大概：地宫里有很深的积水，十分清澈。由于不时掉落下小土块，水面粼粼闪动。坍塌的挡券墙的砖块及坍落下去的台阶条石等露出水面。再往里看，两扇石门半开着，门楼上的瓦垄微微能够看

维修后的裕陵妃园寝享殿、东园寝门、卡子墙及明楼

容妃宝顶

到。这时候，为了保护好现场，防止工人们的无端猜测和流言蜚语，所长把工人支走，以最快的速度向上级主管部门——河北省文化局做了汇报，并与遵化县文教局通了电话，汇报了发生的情况，要求派人来勘察处理。

清东陵河北省文化局和遵化县教育局接到汇报后，很快就派人来到了清东陵。

容妃地宫内坍落的砖石（1979年10月5日）

容妃是不是香妃？"香妃"这个名字是什么时候出现的？在进入容妃地宫前，我们有必要先梳理一下"香妃"这个名字的来龙去脉。

第二章
"香妃"在北京

香妃及其故事的流传是由一幅在北京故宫展览的画像开始的。在展览之前，虽有"香妃"之名，但也只是传闻，并未出名。而据档案记载，乾隆帝的容妃是唯一来自新疆的有功维吾尔族贵族女子。当她与民间传说的"香妃"联系在一起时，与之相关的画像和建筑也随之成为人们关注的焦点。

香妃故事由来已久

有关香妃的传说虽然很多，但是香妃之名，官方的史书上并没有记载。

现在让我们顺着历史的足迹追溯一下香妃之名出现的根源，以及"香妃故事"发展的过程吧。

香妃一词出现在清朝末年，香妃的故事则记载于当时一些私人笔记中。光绪十八年（1892），萧雄写的《西疆杂述诗》"卷四"中有一首《香娘娘庙》诗：

庙貌巍峨水绕廊，纷纷女伴谒香娘。
抒诚泣捧金蟾锁，密祷心中愿未偿。

萧雄在这首诗的附录中还这样写道："香娘娘，乾隆年间喀什噶尔人，降生不凡，体有香气，性真笃，因恋母，归没于家。"这里没有"香妃"之名，只是说新疆喀什噶尔有一女子"香娘娘"身带异香，因想家而回到娘家，并没有后来"香妃"故事中的内容。但从时间"乾隆年间"，地点"喀什噶尔"和特征"体有异香"来看，萧雄的诗应该是"香妃"流传的源头，"香娘娘"是后来传说中的"香妃"的滥觞。

1907年刊印的《王湘绮先生全集》第五卷中，把"香妃"说成是回部叛乱头子的女儿，讲述了反叛朝廷、贞节烈女等情节的故事，只不过把"香妃"称作"回妃"，当时还没有使用"香妃"一词，却是后来"香妃"传说的发展蓝本。

十九世纪末，据维吾尔族史学家毛拉木沙·赛拉米在《伊米德史》中记载，南疆有一个美貌无双的维吾尔族少女，十五岁时被官吏们送去给皇帝做老婆，深得皇帝之宠信。作者没有指出这位少女的名字，只说出进宫做妃子的情节。

"香妃"这一名字第一次出自哪本书，哪篇文章，何人之口，准确日期是哪一天，现在还不清楚，但大概日期当在清末民初。举两个例子证明。

例一： 据清史学家孟森在他的名篇《香妃考实》一文中说，太仓陆夫人在民国二、三年曾到河北遵化的清东陵，当她来到裕陵妃园寝时，曾亲耳听见守陵者称"容妃"为"香妃"。民国二、三年为1913年和1914年，那时清朝灭亡刚两三年，根据《关于大清皇帝辞位之后优待条件》规定，原来清陵的管理、保卫人员全部留用，所以太仓陆夫人所见到的守陵人当是清朝原有守陵人。这些人称"容妃"为"香妃",说明在清朝灭亡前就有了"香妃"之称。"香妃"的称谓很可能自这些守陵人的父祖辈开始就有了。如果真的是这样,说明"香妃"这个名字出现得更早。

例二: 1914年,民国政府内务部总长朱启钤先生曾把在武英殿的浴德堂展出的一幅美人像随口称为"香妃像"。朱启钤先生是古建筑学家、工艺美术家,是中国北洋政府重要官员,但不是搞清史研究的。他见到这幅画脱口就说出"香妃",这说明在此之前他就听说过"香妃"这个名字,在他头脑中已有深刻印象。这表明"香妃"这个名字在当时社会上早已流传,但真正使"香妃"这个名字声名大震则是从一次展览开始的。

宣统三年十二月二十五日(1912年2月12日),清王朝入关后的第十位皇帝溥仪宣布退位,中国历史上最后一个封建王朝——清朝灭亡了。按照中华民国政府《关于大清皇帝辞位之后优待条件》的规定,逊帝溥仪等皇室成员及仆役仍居住在紫禁城的后三宫①及东西十二宫。紫禁城前半部的太和殿等前三大殿及两侧的文华、武英二殿归新成立的故宫古物陈列所搞展览。1914年,古物陈列所从承德避暑山庄②调来了十多张"美人像"油画,

---

① 后三宫:是乾清宫、交泰殿、坤宁宫之总称,位于紫禁城后半部的中轴线上,是明清时期内廷的中心。后三宫南北依次坐落在二米高的台基之上,以门庑相连,平面呈矩形,南北长约二百二十米,东西宽为一百二十米,占地约二万六千平方米,房屋四百二十余间,至今建筑保存完好。
② 避暑山庄:又称为热河行宫,是清朝大型皇家园林。始建于康熙四十二年(1703),初有三十六景,乾隆年间又增三十六景。康熙五十年(1711),玄烨在行宫的大门上题额"避暑山庄",遂得名。因位于承德,所以又称为"承德离宫",是清朝皇帝避暑及举行政事活动的重要场所。

 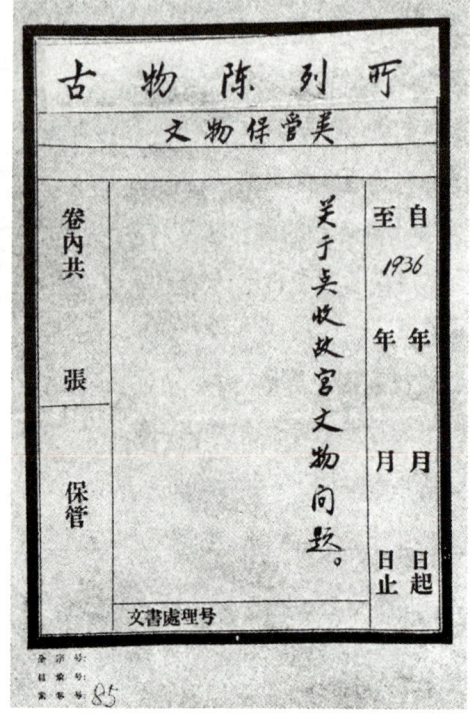

清朝晚期的朱启钤　　　　　　古物陈列所档案

当时任民国政府内务部总长的朱启钤先生看了其中一幅像后随口说道:"这大概就是'香妃像'吧。"于是就将那幅像正式定为"香妃戎妆像"(同后文中的"香妃戎装像"),陈列在西华门内的武英殿后面西侧的浴德堂西间,并附上人物事略介绍:

　　香妃者,回部王妃也。美姿色,生而体有异香,不假熏沐,国人号之曰香妃。或有称其美于中土者。清高宗闻之,西师之役,嘱将军兆惠一穷其异。回疆既平,兆惠果生得香妃,致之京师,帝命于西内建宝月楼(即今之新华门)居之;楼外建回营,毳幕韦韝,具如西域式。又武英殿之西浴德堂,仿土耳其式建筑,

古物陈列所

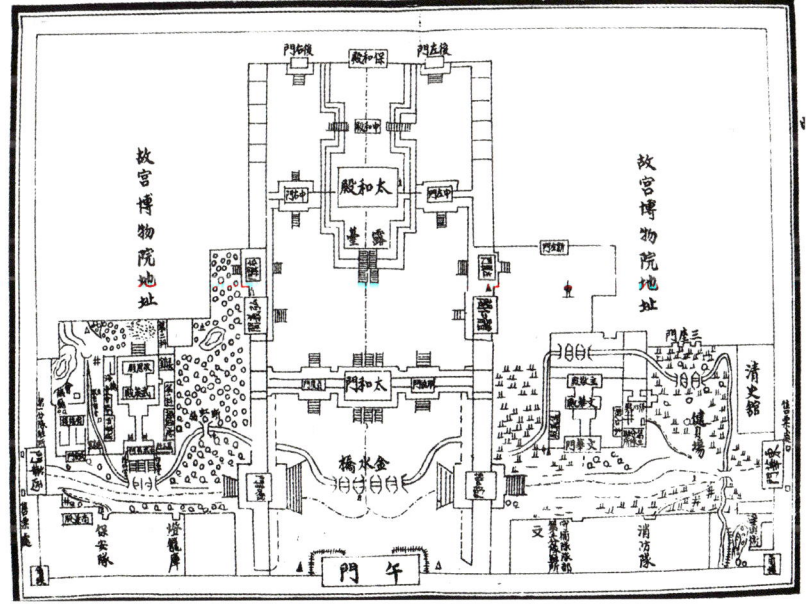

清朝内政部北平古物陈列所平面图

相传亦为香妃沐浴之所。盖帝欲藉种种以取悦其意,而稍杀其思乡之念也。讵妃虽被殊眷,终不释然,尝出白刃袖中示人曰:"国破家亡,死志久决!然绝不肯效儿女子汶汶徒死,必得一当以报故主!"闻者大惊,但帝虽知其不可屈而卒不忍舍也。如是者数年,皇太后微有所闻,屡戒帝弗往,不听。会帝宿斋宫,急召妃入,赐缢死。上图即香妃戎妆画像,佩剑矗立,纠纠有英武之风,

香妃戎妆像(现在中国台湾台北故宫博物院,其左下无款)

一望可知为节烈女子。原本现悬浴德堂,系郎世宁手笔。

后来,在奉天(今沈阳)故宫①博物馆又展出过杨令茀②女士临摹的"香妃"戎妆像,同样配以类似"人物介绍"的说明。两次展览都是在皇家宫廷禁地,标注的名称都是"香妃戎妆像"。

---

① 即沈阳故宫,位于今辽宁省沈阳市内,为清王朝入关前之皇宫。始建于后金天命十年(明天启五年,1625年),清崇德元年(明崇祯九年,1636年)基本建成,历时十一年。全部建筑九十余处,三百余间,占地六万余平方米。
② 杨令茀女士(1887—1978年),是一位有抱负的女画家。1928年,她在沈阳故宫任职,将自己临摹的近百幅历代帝王画像在馆中展出。

沈阳故宫鸟瞰

其宣传面之广、影响力之大是可想而知的。

后来许多文人墨客极尽渲染编造之能事,把"香妃"写进了书里,如《满清外史》《满清稗史》《清稗类钞》《古今宫闱秘记》《清朝野史大观》《今列女传》《梵天庐丛录》《清史通俗演义》等;还有的作者把"香妃"搬上了舞台,如晋剧《香妃恨》,京剧《伊帕尔罕》,评剧《香妃》,等等。后来"香妃"又冲出了国门,走向了世界,香妃的名字被海外的许多国家和地区的书籍、辞典收录,如《中国清代名人传略》(美国)、《东洋历史大辞典》(日本)、《亚细亚历史事典》(日本)、《清朝全史》(日本)等。甚至香妃还出现在了一些商店的牌匾上。

随着时代的进步,"香妃"这个传说中的美丽而神秘的女子,也走进了电视荧屏,而且越传越神。小说家金庸在《书剑恩仇录》中,把香妃称为"香香公主",书中称:陈家洛幻想通过香香公主而使乾隆帝反清复明。电视剧《风流才子纪晓岚》独出心裁地把香妃与纪晓岚扯到了一起，剧中说纪晓岚屡救香妃，而香妃不但会武功，还会"天香功"，身上的香味是因气功而散发出来的。电视剧《还珠格格》则把香妃称为"含香"，并让含香"死"过一次而失去香味。

那么，乾隆帝身边真的有来自新疆的女人吗？这个女人身上真的有异香吗？

"香妃"不仅是一个扑朔迷离的女性历史人物，她身上还带有许许多多的疑云迷雾，如进京之谜、婚姻之谜、画像之谜、浴德堂与宝月楼之谜、葬地之谜等。

在揭开香妃谜团之前，我们先介绍一下香妃进入北京时的历史背景。

网上流传的一幅民国初年造假的香妃像

与哥哥奉旨进京

据清宫档案记载，容妃来到北京的时间是在乾隆帝平定回部叛乱之后。

回部，在清朝又称"回疆""新疆"，指的是唐朝以来天山以南"回人"（也包含维吾尔族）居住的地区。《西域图志》对当时西域的地理范围做了说明："其地在肃州嘉峪关外，东南接肃州，东北至喀尔喀（蒙古），西接葱岭，北抵俄罗斯，南接番藏（青海、西藏），轮广二万余里。"即指今新疆及巴尔喀什湖以东以南的广大地区。

所谓"新疆"，就是指清朝皇帝改革回部土司制度以后，设立新的行政机关的国内少数民族地区。在雍正、乾隆朝时期，清朝政府开始委派有任期的官员管理这些地区，废除世袭的土司，实行"改土归流"。

光绪十年（1884），清政府正式在新疆建省，取"故土新归"之意，自此，新疆作为一个固定地名沿用至今。

"回部叛乱"则是指乾隆年间的新疆回部大小和卓叛乱，这场叛乱是新疆地区两个伊斯兰教领袖发动的叛国叛民的暴动。大和卓是指波罗尼都（？—1759年），新疆喀什噶尔人，伊斯兰教白山派和卓玛罕木特的长子。小和卓指霍集占（？—1759年），伊斯兰教白山派和卓玛罕木特的幼子。"和卓"是伊斯兰教对有威望人物的尊称。

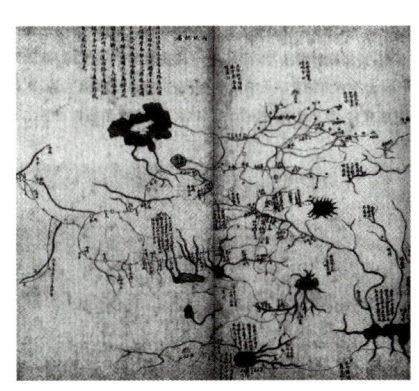

清人绘《西域总图》

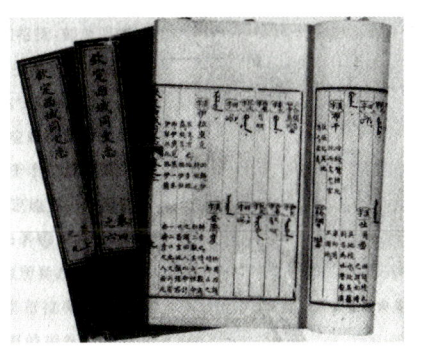

乾隆朝《钦定西域同文志》

在清朝，人们对回族和维吾尔族分不清，因为这两个民族都信奉伊斯兰教，所以往往认为维吾尔族也是回族。因此，将传说中的"香妃"和乾隆帝的容妃说成回族或者维吾尔族，都是可以的。因为那时候的回族与维吾尔族在生活方式和信仰上是一样的，但现在的研究者都习惯称容妃为维吾尔族，因为容妃的家族在当时是部落首领，是维吾尔族贵族。

康熙十九年（1680），卫拉特蒙古准噶尔部统治新疆回部后，对其首领实行人质制。准噶尔汗策妄阿拉布坦拘禁了当时的回部教主玛罕木特及其长子波罗尼都（大和卓）、次子霍集占（小和卓），令其率领回人在伊犁垦地输赋，还一度将波罗尼都、霍集占囚于地牢中，以防止其逃走。

乾隆二十年（1755），清军平定准噶尔汗达瓦齐叛乱后，大、小和卓率领自己属人三十余人向清军投诚。乾隆帝遂决定把原来被羁押在伊犁的大和卓波罗尼都派回南疆叶尔羌（今莎车），"使统其旧部"，留小和卓在伊犁，"掌回部"，利用其家族的传统影响去招抚维吾尔人，以实现对南疆的和平统一。然而事与愿违，乾隆二十二年（1757），小和卓霍集占参与了卫拉特蒙古辉特部首领阿睦尔撒纳叛乱，兵败逃到叶尔羌，煽动大和卓及部分和卓、伯克[①]叛乱，并杀害了清廷遣往招抚的副都统阿敏道，自立为巴图尔汗，不再听命于中央政府——清廷的政令，实际成为称霸地方的宗教割据势力。作为当时中央政府首脑的乾隆皇帝，自然不愿意看到当地人民生活不安定、领土被分割。

[①] 伯克（bek）：满语对维吾尔语一词的音译，意为官员，亦可用在人名中做尊称。古代维吾尔族中即有"伯克"这一名称的官职，世袭制。此处指大、小和卓政权前后，清帝国延续叶尔羌汗国官制建立的政体下的官员。

乾隆二十三年（1758）正月，清政府派兵平定蒙古准噶尔厄鲁特（清朝时称卫拉特）之乱后，乾隆帝于正月二十六日下谕，向各回城宣谕"回酋霍集占罪状"，并讲述了此次出兵征讨平定的四点原因及作战指导方针：

古稀天子之宝及宝文

一、**君臣之分**。大小和卓之所以能够出牢并成为"回人头目"，完全是"我大清皇帝"的赐予，此二人应属于大清的属臣，回疆归隶于大清版图。

二、**用兵理由**。大小和卓不该忘掉大清的恩赐，杀害阿敏道，如不将其擒拿，则回部终不得安生。

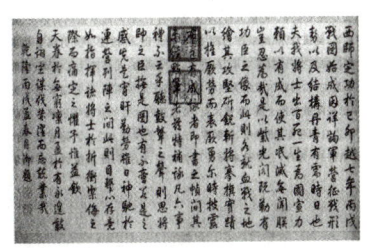

《平定伊犁回部战图》序

三、**只拿逆酋**。只针对小和卓霍集占，因其兄曾说：我家三世为准夷拘禁，今蒙天朝释归，此恩不可忘，其大和卓属"被迫从行"，只要将霍集占捕捉献送，可以"安居如旧"。

四、**拒抚者杀之**。对那些执迷不悟、顽抗不降者，格杀不论，"既不分善恶，悉行剿除"。

这充分说明了乾隆帝平定叛乱，统一中国回疆的决心。

乾隆二十三年（1758）二月，清政府命雅尔哈善为靖逆将军，率满、汉兵万余自吐鲁番进发。五月，围叛军据点库车。大、小

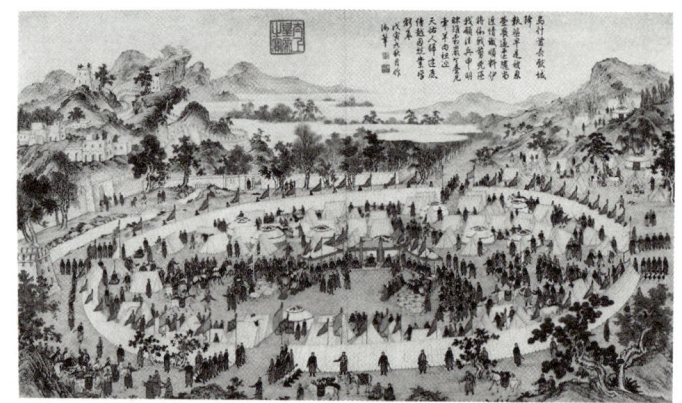

《平定准部回部得胜图·乌什酋长献城降》

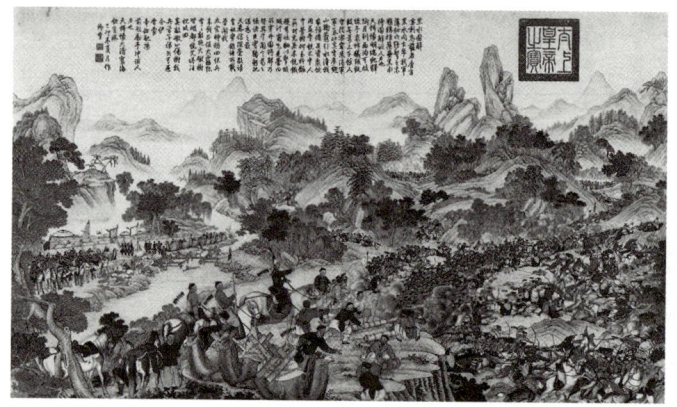

《平定准部回部得胜图·黑水解围》

《平定准部回部得胜图·呼尔满大捷》

《平定准部回部得胜图·霍斯库鲁克之战》

《平定准部回部得胜图·阿尔楚尔之战》

和卓率万余鸟枪兵自叶尔羌经阿克苏赴援，被清军击败，伤亡四千余人，旋率残部入库车固守。雅尔哈善未乘胜进击，而坐守军营终日博弈，疏于戒备，致使大、小和卓乘夜率四百骑逃遁，分别回喀什噶尔、叶尔羌。雅尔哈善以贻误军机罪被处死。十月，定边将军兆惠率步骑四千至叶尔羌，三战三胜，然以兵少不能取城，即于城东隔河结"黑水营"自固待援。叛军万余人包围黑水营，用炮轰、水淹、偷袭等方式频繁攻击。清军坚守三个月，伤亡甚众。

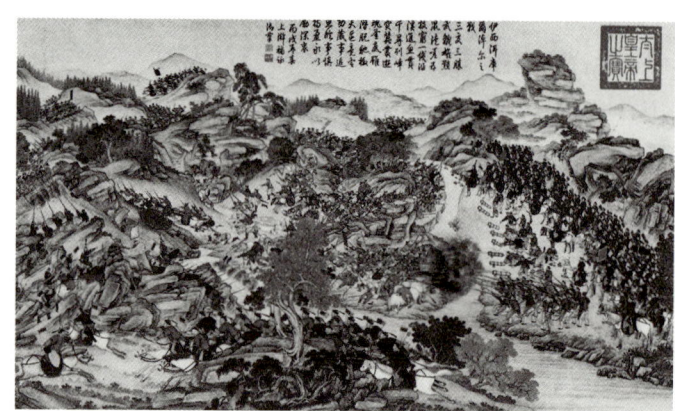

《平定准部回部得胜图·伊西洱库尔淖尔之战》

《平定准部回部得胜图·拔达山汗纳款》

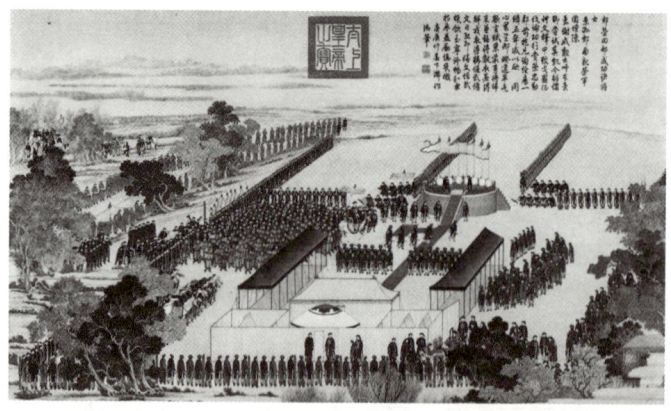

《平定准部回部得胜图·郊劳回部成功诸将士》

乾隆二十四年（1759）正月，清政府派定边右副将军富德率兵三千自乌鲁木齐驰援。至呼尔满（今莎车东北），与叛军骑兵五千激战四五昼夜，获胜，渡叶尔羌河，与参赞舒赫德、都统阿里衮部会师。兆惠闻援军至，督兵突围。清军会师振旅，还阿克苏。六月，兆惠和富德各率兵一万五千人分别攻喀什噶尔和叶尔羌。大、小和卓弃城南逃，越葱岭西遁。清军追击，获叛军降卒一万二千余人。八月，大和卓巴达克山部部长素勒沙坦遵照清军的通缉令，将大和卓生擒，杀死小和卓。至此，持续两年多的大小和卓叛乱结束了，回疆统一于清朝。

在这次平定叛乱过程中，维吾尔族绝大多数上层人士和广大人民，都站在清朝中央政府一边，赞同并支持清廷对叛乱的平定，为国家的统一做出了贡献。乾隆二十三年（1758），和卓图尔都见兆惠的军队被叛军围困，采取围魏救赵的方式，带领自己的家族率领布鲁特兵，攻击叛军的大本营喀什噶尔，不但使叛军大小

《平定准部回部得胜图·凯宴将士》

兆惠像　　　　　　　兆惠墓碑

和卓腹背受敌，而且还有力地歼灭了叛军的生力军，收取叛军帐房六十余架，将看守人众剿杀过半，其他人惨败逃窜。

　　清政府统一新疆之后，在新疆各地建立了国家正式行政管理机构，行使中央政府对边疆地区的国家主权。在行政上，实行军事管制制度，根据不同地区的不同情况，又有不同的调整。在喀什噶尔等回民聚集的地区，沿用当地原有的伯克管理制度，一个地区总管各种事务的长官是阿奇木伯克，其次是伊沙噶伯克等。同时中央政府减轻了原来准噶尔和大、小和卓时期压在各族人民头上的沉重赋税；限制了宗教对政治的干预；废除了伯克的世袭制及伯克制度遗留下的各种弊端；对伯克们所享有的各种特殊待遇和薪俸做了一定的限制；严格禁止伯克对民众的无度欺诈等；

向各地加派行政长官,从而使天山南北广大城乡都有了严密的组织,使中央政府的政令得以顺利推行。

乾隆二十四年(1759)九月,乾隆帝下旨说:"除兆惠所奏现在送京之图尔都和卓外,仍将伊等家口送京。其玛木特之子巴巴和卓,兆惠等回京时亦即同来。"清宫档案明确记载,图尔都是容妃的亲哥哥,容妃是作为有功之人的家属进京的。她的家族曾帮助朝廷平息叛乱,所以特别恩待他们及家属,召他们来京师做官,同时赏给房屋和很多生活物品等。这些人中还包括容妃的姐姐和妹妹。为报答君恩,这些进京居住的新疆贵族最后决定将自己最亲爱的人——容妃送入皇宫,服侍皇帝。

容妃进入皇宫的时间在乾隆二十五年(1760)正月十五日至二月初三日之间。当时在皇宫的封号是"和贵人"。这段时间,乾隆帝单独赏给图尔都一所大院子和五百两白银,并特批给予他高出俸禄两倍多的生活津贴费。

紫禁城全景

由此可见，清朝政府在统治管理新疆时，不仅注重政策，还通过"和亲"这一传统而有效的手段团结回部贵族等上层人士。就是在这种政治背景下，容妃走进了北京的紫禁城，也因此成为清朝有史以来唯一的维吾尔族妃子。

另外，值得一提的是，容妃进入皇宫是自愿被家人或者家族送进皇宫，而不是传说中的通过选秀女的方式。

四幅"香妃"像

新疆的贵族进入北京，新疆的女子住进皇宫，当上了乾隆帝的皇妃。与满族、汉族女子相比，这位大清皇帝唯一的新疆维吾尔族妃子的长相有什么特色？由于当时还没有照相术，所以香妃是否留有画像则格外引人关注。而香妃故事的传播源头也是香妃画像。

目前流传于世的香妃个人单幅画像有四幅：第一幅为戎装像；第二幅是洋装像；第三幅是旗装像；第四幅是吉服像。现在，我们依据有关史料对它们进行分析考证，判定其真伪。

第一幅：《香妃戎妆像》。此幅画像为半身像，女子身穿欧式盔甲，英姿飒爽，颇有巾帼英雄之气。这幅像是掀起"香妃传说"风波的源头。如今，这幅画像保存在中国台北故宫博物院，在该院2002年度"乾隆皇帝的文化大业"大展近200组件中，这幅画像的名称依旧被冠以"香妃"。虽然关于这幅画像已经论证了很长时间，但其产生的影响及讨论却不是轻易能消失的。

首先，这幅画像就是曾在武英殿浴德堂展出的那幅像，来源是清朝皇帝的行宫承德避暑山庄，其真实性是比较可靠的。但问题是画像上没有题记和落款，很难确认画像的年代和出自谁的手笔。画像上的人物是谁，清宫档案上也没有记载。传说此画像的作者是郎世宁[①]，但郎世宁的作品在《国朝院画录》《石渠宝笈》中都有记录，而在这两本书中均未见有香妃像的记载。有人说画像是郎世宁的"游戏之笔"，既是"游戏之笔"，那就难以确定画中人物是香妃了，因为郎世宁作为一个三品官阶的画师，没有胆量敢用游戏之笔随便画皇帝的妃子。况且若是一幅游戏之笔画作也难以安然无恙地保存并流传下来。另外，画像的风格手法也不像郎世宁一贯的手法，所画的人物相貌也没有维吾尔族女性的特征。

关于这幅画像的来历，原故宫博物院著名清宫史专家朱家溍[②]先生在《"香妃戎装像"定名的由来》一文中有这样的介绍：

> 已经知道乾隆帝只有一个容妃和卓氏，是回部的女子。如果说这个"香妃"实有其人的话，指的当然就是容妃。不

---

① 郎世宁：意大利人，原名朱塞佩·伽斯底里奥内（Giuseppe Castiglione，1688—1766年）。1688年7月19日生于意大利北部城市米兰，清康熙帝五十四年（1715）到中国，随即入宫，曾参加圆明园西洋楼的设计工作，历任康、雍、乾三朝，在中国从事绘画达五十多年。由于郎世宁带来了西洋绘画技法，向皇帝和其他宫廷画家展示了欧洲明暗画法的魅力，他先后受到了康熙帝、雍正帝、乾隆帝的重用。他是一位艺术上的全面手，人物、肖像、走兽、花鸟、山水无所不涉、无所不精，成为雍正帝、乾隆帝时宫廷绘画的代表人物。他的代表作品有《聚瑞图》《百骏图》《心写治平图》等。

② 朱家溍：1914—2003年，字季黄，浙江萧山人，著名的文物专家和历史学家。故宫博物院研究员、国家文物局文物鉴定委员会委员、中央文史馆馆员，文物专家、金石学家、明清史及戏曲研究专家。

过画像的面貌丝毫没有回部女子的特点，而且画的这身打扮，是欧洲古代骑士的甲胄，这与回部也没有什么关连。即使是一幅嫔或公主的肖像，也只是一种游戏性质的肖像，就像雍正帝有一幅着西洋服装的画像，以及雍正、乾隆都有很多古装像、佛装像等是同样的作品。

郎世宁画的《亲蚕图》人物局部

根据故宫博物院所藏清代遗留下来的无名称无款识的画像，往往背后粘贴着当时的记载签子，我曾问古物陈列所的古物保管科科长曾广龄先生："这幅'香妃'像背后是不是写有容妃的签子？"曾先生回答我"没有"。我又问："最原始起运时的账本子是怎么样写的？"曾先生回答："关于这件藏品，在帐上只是写油画屏一件。"

曾先生原是逊清皇室内务府的人，当1914年成立古物陈列所时，到承德、奉天起运古物，都由他经手操办，这幅油画屏就是他经手，由承德避暑山庄运回北京的。后来古物陈列所的展览工作，也是他经手，所以他最清楚。

我又问:"既然原帐上只是油画屏一件,而原画背后也没有记载的纸签子,那么根据什么定为'香妃'画像呢?"曾先生笑着回答:"总之是官大表准,当时文物运到北京后,内务部朱总长看见这幅画像,就说这大概就是香妃吧。其时他也没有什么根据,只是顺口一说而已,就定下来了。"到此我方知所谓《香妃戎装像》也者,不过是以意为之而已;但这幅肖像画的是谁,尚待考证。

对于《香妃戎装像》,原故宫博物院副院长、古建专家单士元[①]先生在《故宫札记》中《武英殿浴德堂考》一文中写道:

按清代帝后画像,有生前的行乐图,有死后的影像。在帝后死后,影像藏在景山寿皇殿中,以便岁时供奉。行乐图在帝后生前藏于宫中,死后与影像同贮一处,间亦有帝后影像在宫中辟室供奉者,事属个别,此例甚少(溥仪出宫后,只见同治后之像在西六宫悬挂)。而所有影像均裱成立轴,以贴落存者在行乐图中则有之。所谓乾隆的香妃画像,即为贴落。按帝后妃嫔等画像,不论是属于影像或行乐图,均应有帝后妃等的封号,影像则要写上死后的谥号,一般都无臣

[①] 单士元:1907—1998年,1907年生于北京,北京大学史学系毕业,文物专家。1924年年底参加溥仪出宫后成立的"清室善后委员会",任书记员。1925年10月,故宫博物院成立,被批准赓续在院。1930年供职院内文献馆,不久,又参加了中国营造学社,是我国历史档案事业创建者之一和中国古建筑早期研究者之一。中华人民共和国成立后历任故宫博物馆建筑研究室主任、副院长、研究员。长期致力于文物研究保护工作。

工画家题款之例。检故宫所藏《宫廷画目录》，在行乐图上有画家题款者，只在乾隆一幅行乐图上见之，其他各朝则未之见。至于后妃行乐图上，则从无画家署名。影像只在画前封首写明某后某妃某嫔的封号，用以识别所画者为谁。承德避暑山庄运来的所谓香妃画像，即属贴落，当然无轴封首，不能注明为某妃，若真为一个妃子画像，亦不能有画工之题款。此画多年来传说为西洋人所绘，惜原画像远在台湾，北京存有三十年代的摹本。1915年参与搬运承德避暑山庄文物的曾广龄先生，还健在之时，笔者向曾老请教此事，答曰："原画上有一黄签，题为"美人画像"数字，据此则非后宫有名号之妃嫔可知。

单士元老先生还回忆说：那时，古物陈列所的人根据民国政府内务部一官员说的"这大概就是香妃"，并考虑到当时社会经济效益商定的，是没有查史料的，是错误的，是一种不负责任的行为，是应该纠正的。

这里有一点很值得注意，那就是单士元先生与朱家溍先生在询问此画像运办的经办者曾广龄先生时有一点出入，一说此画像上没有签子，一说此画像有签子并原签子上写有"美人画像"字样，真不知两种说法中哪个准确。但不管怎么说，有一点是可以肯定的，那就是这张画像上并没有标注香妃字样。

从上所知，《香妃戎妆像》来自皇宫，这是确定无疑的，但不能因此就确定此画像的作者是郎世宁，更不能确定其画像上的人物就是香妃。

《御苑春狩图》（传说中的香妃像与乾隆帝）

对于这幅画像，也有人考证说是乾隆帝的十公主——固伦和孝公主。理由是：乾隆帝的这个公主喜爱男装，常和男孩子在一起玩耍，并经常与乾隆帝一起出巡打猎。史料上记载，乾隆十公主"性刚毅，能弯十力弓，少尝男装随上较猎，射鹿丽龟，上大喜，赏赐优渥"，因此有人判断此《香妃戎装像》与《御苑春狩图》是同一版本的女性，都是乾隆帝的十公主。这一说法因为没有其他的详细史料附证，所以，笔者不敢苟同。

第二幅：《香妃洋装像》。这幅画像是北京故宫久存的一张女装像，现在是临摹版本，原版本现藏于中国台北故宫博物院。此画被收入《郎世宁画集》。这幅画像的画面为：一身穿西式长裙的年轻女子，左手扶一木质小铲，右手提一花篮，头戴西式小帽，安和端详，懒懒依坐，双目凝视，若有所思。当时被

《香妃洋装像》　　《长春园香妃戽跸阅鞠图》

题为《香妃燕居图》，1955 年故宫曾把它题为《香妃像》。实际上这幅画像同样没有题记与落款，史书中也没有记载。如果仅从服装上就判断此画像是香妃的话，未免过于武断。

另外，与此画像人物服饰和绒帽极为相似的，还有一张乾隆帝与香妃在圆明园长春园瀛观的画像——《长春园香妃戽跸阅鞠图》。

第三幅：《香妃旗装半身像》。这幅画像现也被收录到《郎世宁画集》。据记载，此画被宋美龄收藏。这幅画像画的是一位穿红色旗袍、梳满洲大翅头的少妇，人物面目清秀安详，戴有耳环，雍容华贵。这幅画像流传最广，影响最大。

有人说此幅画像是东陵大盗匪首孙殿英贿赂宋美龄的礼物之一。孙殿英的文化素质和修养极为低下，连慈禧陵和乾隆陵最为珍贵的书画都不重视，何况是一幅极为普通的没有标明是哪个妃子的画像？拿这样的一幅画像去给宋美龄送礼，于情于理说不通。

传说中的《香妃旗装半身像》

宋美龄像

香港印刷的邮票

这幅《香妃旗装半身像》和《香妃洋装像》一样,也是来源不明,无法辨别。值得注意的是,在清朝诸多的后妃像中,从没有见过有这种服饰和发式的,所以不能确定这幅画像就是香妃像,只能说这幅画像比较接近人们心目中的香妃形象。以至于被很多图书和一些商店利用。另外,此画像曾在香港被印刷成邮票,定名为《十九世纪香港画像》,并且其服装颜色为蓝色。邮票文字说明则是《清人旗装像》,并未指明是香妃。

第四幅:《容妃吉服像》。《容妃吉服像》来源于清东陵裕陵妃园寝,是一位旅行者太仓陆夫人拍摄,目前在中国台湾被私人收藏。所谓吉服，是古代帝王后妃在庆寿、大婚、赐宴等吉庆活动时穿的服装。吉服的种类很多，包括皇帝龙袍、皇子、宗室蟒袍（王公品官及命妇的蟒袍）、后妃们的龙袍、龙褂等。

著名清史专家孟森教授在《香妃考实》中记载了这幅画像的来源：

供奉裕陵妃园寝的容妃神像

> 近日吴生丰培贻一容妃园寝神像，问其所从得，则云有太仓陆夫人藏此。夫人为陆文慎宝忠之子妇，徐相国郙之女。于民国二三年间至东陵，瞻仰各陵寝；至一处，守者谓即香妃冢，据标题则容妃园寝也。凡陵寝园寝飨殿皆有遗像，一大一小，小者遇有祭祀即张之，大者年仅张设一次。陆夫人以香妃之传说甚庞杂，亲至园寝，始知流言之非实，请于守者，以摄影法摄容妃像以归。所摄乃其小者，大像封扃未得见也。

文后还附有陆夫人所拍摄的香妃画像，只是由于是影印，又经过多次影印，所以很不清楚。但通过这段文字我们知道，这幅《容妃吉服像》的来源地明确，时间明确，收藏、摄影者也明确，画像的真实性应该说是比较可靠的。但是，画像上的人是不是就

裕陵妃园寝享殿

是香妃，现在还是不能确定，因为仅凭口传无其他证据，也不能证明这画像上的人就是香妃。在《昌瑞山万年统志》《陵寝易知》这两部由陵寝官员编写的专著以及清宫档案中，均无妃园寝藏有妃子画像的记载，也没有妃园寝祭祀时悬挂妃子像的记录。所以，对太仓陆夫人在裕妃园寝见到香妃像一事，笔者有所怀疑。

后来在中国第一历史档案馆珍藏的浩瀚如烟的清史档案中发现一条史料，可以证明清末民初清东陵确实有容妃的画像存在世上：

> 毓彭[①]在民国十四年旧历八月十七日，给天津张园胡大人信中说："……护理总兵张之庆于毓彭未到任以先，听本地奸人之计划，视陵寝为奇货可居，凡官产官物一律排（拍）

---

① 毓彭：清宗室，1925年（民国十四年）被派往遵化东陵任陵寝守护大臣。1928年发生孙殿英盗掘裕陵、慈禧陵事件后，溥仪以其失职且跑回北京藏匿不出而将其逐出宗室。

卖。各陵瓷器一百二十余件业已装箱运走,当铺所存软件,现正查点出售。红墙以内树株擅自砍伐。桃花寺行宫早已变价。其余裕陵圣容及容妃圣容均行携入署中。"

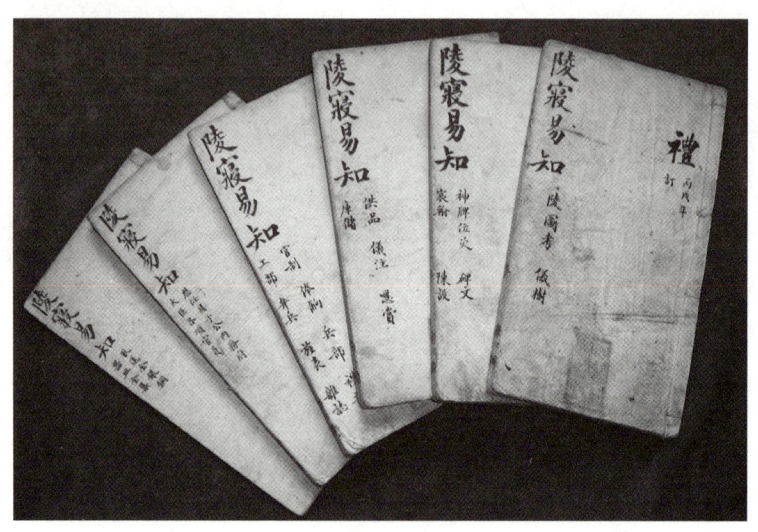

《陵寝易知》书影

这条档案清楚地表明,遵化的清东陵确曾有过容妃像,但当年太仓陆夫人所拍摄的影像是否就是被张之庆携入署中的那幅容妃像,目前还不敢确定。

对于太仓陆夫人所拍摄的这幅画像的考证,可以参照备受乾隆帝珍爱的《心写治平图》画卷。此卷(部分)为郎世宁所画,画卷从左至右依次是乾隆帝和十二位后妃的半身像:弘历、皇后、贵妃、

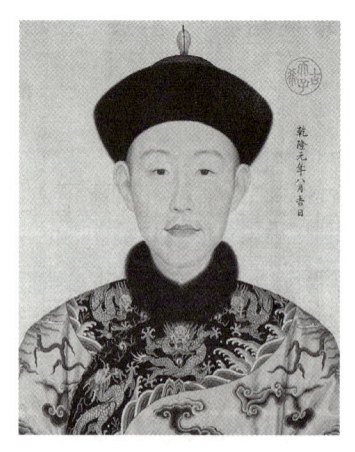

乾隆帝像

纯妃、嘉妃、令妃、舒妃、庆嫔、颖嫔、忻嫔、惇妃、顺妃、循妃，共十三人。在乾隆帝的画像旁写有"乾隆元年八月吉日"八个字。上面钤盖着"古稀天子宝""太上皇帝之宝""八征耄念之宝""五福五代堂古稀天子宝"等五方印。此卷为绢质，全长七点七九米，宽零点五三米，乾隆帝将此画像装在一个雕刻精美的红漆盒中，并亲笔御题"心写治平"。画像中的人物，均头戴冬吉服冠，身着冬季龙袍，当属宫廷生活的真实写照。其中的乾隆帝、皇后和贵妃三幅画像，与北京故宫博物院所藏的乾隆帝、孝贤纯皇后、慧贤皇贵妃大幅全身朝服像，如出一人手笔。尽管服饰稍有变动，而面庞神态一模一样。从绘画技巧及设色风格来看，包括纯妃在内的这四幅画像均应出自宫廷画师郎世宁之手笔。其余画像，很可能出自郎世宁弟子或其他画师之手。得出这些判断结论，主要是依据人物画像的封号便可以确定她们

皇后像

贵妃像

妃冬朝冠

的年龄和绘画时间,并由此判断绘画之人是谁。只要是绘画时间晚于乾隆三十一年(1766)的,便都不是郎世宁所画,因为郎世宁是在乾隆三十一年(1766)病死的。

《心写治平图》画卷人物是按严格等级绘制的。其中乾隆帝头戴冬吉服冠,红缨顶,海龙皮帽,冠顶衔大珍珠一颗;身着明黄色龙袍,领袖边俱为石青缎绣五彩云金龙,加海龙皮领。

皇后头戴冬吉服冠,用海龙皮帽檐,冠顶东珠一;耳饰左右各三,每具金龙衔一等东珠各二;明黄八团龙袍,石青缎领袖上绣彩云金龙,外加海龙皮领。

贵妃头戴冬吉服冠,海龙皮帽檐,冠顶东珠一,耳饰如皇后,用二等东珠;身着皮领金黄缎绣彩云金龙八团冬龙袍,领袖俱为石青缎绣五彩云金龙。

妃头戴吉服冠,海绣帽檐,顶饰东珠一,耳饰如贵妃,用三等东珠;身着金黄缎绣五彩云金龙八团冬龙袍,领袖均为石青缎绣彩云金龙,海龙皮领。

嫔头戴吉服冠,海龙帽檐,冠顶饰东珠一,耳饰如妃,用四

妃嫔吉服冠

舒妃像

等东珠,身着香色缎绣彩云金龙,海龙皮领。

乾隆帝及十二位妃嫔肖像图卷,是专供乾隆帝观赏,而不是画给外人看的。这些真实写照的肖像,从其服饰色彩、顶戴佩饰一丝不苟的绘画中,充分显现出这些人物在宫廷中地位的差异。

忻嫔像

图卷中的这十二位后妃的容貌大同小异。将之与太仓陆夫人所摄香妃画像相比,无论人物形象、冠服样式,还是绘画手法,基本一样。宫廷绘画多是写实作品,水平再高的画师也不敢将为宫廷主人所画的画像任意变化,更不敢张冠李戴。由此可知,陆夫人所摄的东陵的容妃像同是源于皇家的正式画像。这就更进一步表明了陆夫人所摄容妃像的可靠性。此画像更可以肯定是唯一幸存下来的容妃的画像。如今,《心写治平图》卷原件保存在美国克利夫兰艺术博物馆内。

把容妃吉服像说成是容妃或者传说中的香妃画像目前是最权威的说法。

除这四幅单人画像之外,还有一些画像也被说成是香妃的画像,其中值得一提的有两幅画像:一是《塞宴四事图》,二是《威弧获鹿图》手卷。

一、《塞宴四事图》。绢本设色,画卷尺寸为纵三百一十六厘米、横五百五十一厘米。据说,此画卷曾挂在避暑山庄云山胜地楼二层的东壁上。《塞宴四事图》卷后有黄签:"'云山胜地'楼上

《塞宴四事图》

《塞宴四事图》中的乾隆帝

东间东山墙西面贴"，现在收藏于北京故宫博物院。画卷的画法，中西合璧，重要人物的肖像显系出自欧洲传教士画家郎世宁之手，逼真细腻，尤其是画幅左下角帐帷内的嫔妃内眷，出现在这种场合中，并不多见。而其余部分，则是由中国画家补绘的，参与其事的应当有金廷标等人，其中个别后妃画像有涂抹修改处。

《塞宴四事图》画卷所记载的是：乾隆二十五年九月初九（1760年10月17日）乾隆帝在木兰秋狝后，于避暑山庄举行诈马（赛马）、什榜（音乐）、布库（相扑）、教跳（驯马）等四事的场景。画卷的上方，有于敏中书乾隆御制诗四首并序。

何为"四事"？"四事"在这里是指四项表演活动。"塞宴四事"就是宴席中渐次展示的四种极富观赏的表演：诈马、什榜、布库、教跳。

塞宴四事是清朝皇帝重要的政治活动。《塞宴四事图》画幅场面宏大，人物众多，是一幅反映当时清朝与漠南、漠北蒙古族亲密关系的重要历史画。

值得注意的是，在画卷画面左侧中间偏下的位置，帷帐前有七个女子。在这七人中有一人头冠服饰明显与众不同，因此有人认为，此女子就是乾隆帝的容妃。故宫博物院王志伟先生于2014年在《紫禁城》第3期发表署名文章——《被乾隆帝"抹去"的断发皇后》，其中写道：

  我们把目光集中在画面左侧中间偏下的位置，帷帐前后站立着两群衣着光鲜，行止款款的宫中女子，近处七人，远处三人，其中尤以近处七人最为显眼。七人中前排被簇拥者身着明黄色吉服，站在她右侧的二人与后排左侧一人身着杏黄色吉服，这四人前额的头饰也表明了她们的同一族属。
……………

《塞宴四事图》中的乾隆帝后妃

《塞宴四事图》局部中的妃嫔图

其余三人中，左右二者分别扎着两条长辫，衣着发饰与《威弧获鹿图》卷中为乾隆帝递矢的维吾尔族女子一致。中间着红衣者，头戴维吾尔毡帽，虽然同为回装，但其形象与左右二人明显不同，此人似为该年二月新近入宫的和卓氏。关于此人，维吾尔族学者艾哈迈特·霍加据满文档案考证为小和卓霍集占"离弃"之妻，名"batma"，即后来乾隆帝的容妃，她在图中被描绘的样貌也与其二十六岁的入宫年龄（据容妃卒年倒推）相一致。站在她身边的二人可能是乾隆二十五年年初与她一同迁居京城的和卓氏族人。

虽然笔者对清宫衣冠服饰并不了解，但对于以上说法并不苟同，理由有三：

一是仅以服饰不同下结论，有些草率不严谨，尤其是对图中人物像头部涂改并未作合理解释。

二是《塞宴四事图》画卷所记载的是乾隆二十五年九月（1760年10月）木兰秋狝盛宴这件事，未见档案中记载刚入宫不久的容妃及族人在避暑山庄参加。但也不否定容妃及族人参加，因为举行木兰秋狝的目的之一就是为了与少数民族贵族加强联系、展示武力。塞宴四事也正是向刚刚归来的维吾尔贵族展示清政府强大强盛的最好时机。所以刚刚到北京定居生活的维吾尔贵族很可能也会被邀请参加这样的重要活动。

三是此图曾被用于他人书中，冠以"容妃"像。就此笔者请教作者，告知乃"紫禁城出版社编辑所为"，他本人并不认可。

《塞宴四事图》在网上也有很多清史爱好者广为谈论，对图中女子的画像争论不休，在此就不一一介绍。

二、《威弧获鹿图》。此图收藏于北京故宫博物院。清朝织锦《威弧获鹿图》卷轴的画套是中国卷轴的典型包装形式，此画套为杏黄色的金线织锦，压黑色包边，画套上的白玉别子仿汉玉蝉形。

据说这是目前唯一经过故宫专家鉴定过的容妃画像。故宫专家得出的结论是：目前留下的最有可能是历史上容妃真容的一幅画像。画中的容妃高鼻深目，肤白如雪，身穿传统的维吾尔族服装，与乾隆帝一前一后策马逐鹿，乾隆帝搭弓，容妃递箭，举止行动甚是和谐。

故宫明清绘画研究权威专家杨伯达①先生1984年在杂志《紫禁城》第1期上发表《清

《威弧获鹿图》手卷卷轴画套上的白玉别子

《威弧获鹿图》手卷卷首

《威弧获鹿图》手卷卷首及卷轴画套

---

① 杨伯达：1927年出生于辽宁旅顺市，故宫博物院研究员。1948年华北大学美术系毕业。曾任故宫博物院副院长、中国博物馆学会副理事长、北京大学考古系玉器硕士研究生导师。

《威弧获鹿图》

《威弧获鹿图》局部

代回装妃嫔像》一文，对此画像详加分析写道：

回装妃嫔像，不是一幅独立的肖像画，而是《威弧获鹿》手卷中的一个人物。……全图以枫柞松柳、坡砣山崖为背景，描绘乾隆皇帝驰骑挽弓而射，矢中鹿肩，即将倒毙，一回装妃嫔骑马紧追弘历，并递上一矢。从弘历、回装妃嫔面相和骏马来看，当出自西方传教士手笔，而坡石树木是由如意馆画画人所绘，应是传教士与如意馆画画人合笔构幅。可能是乾隆木兰秋狝某次获鹿的真实记录。虽然，宫内表现弘历射鹿之图尚多，但由妃嫔陪同射获的木兰秋狝图，仅此一件，尤其表现回装妃嫔追随弘历秋狝，更是难能可贵了。

…………

回装妃嫔像，头戴红纽缨冬冠，长辫垂于背后，面白净，前额稍凸，目深陷，翘鼻头，高颧骨，厚唇，身穿正黄色地拜丹姆纹长袍，外套立领背子，胸前挂一长方形盒。冠，清制；衣服形式花纹均系回部即维吾尔族。查乾隆妃嫔，只有容妃和卓氏来自回部。因其兄图尔都……受封一等台吉，乾隆二十五年遵旨迁居京师，容妃和卓氏亦随入京……从画卷回装嫔妃容貌判断，当在三十岁上下，正是由和贵人封为容嫔之后的五六年之内。这样，便与弘历五十几岁像大体相符。

对于这幅画像，虽说是经过权威专家的鉴定，但没有得到大多数的专家肯定。此女性人物面貌是侧面，不是正冠，众所皆知，一个人的正冠像与侧冠像之间是有很大差异的，所以其

《威弧获鹿图》中的乾隆帝头像特写　　《威弧获鹿图》中的女子头像特写

争议目前还很多。

另外，还有人认为画中女性人物为乾隆帝的十公主。此画像最大的疑点是没有明确的档案记载，此画的作者、绘画的时间、画中的女性是谁，都不敢下最终定论。而杨伯达先生在考证时将此只是简单地认为"可能因涉及他与妃嫔行秋狝之礼，不便公开而未著录"。笔者经仔细观察此画像，认为杨伯达先生说的与画像有不太符合之处。杨先生说此女子穿的是回装，长辫垂于背后，但画面上那女人上身外罩坎肩，双箭袖外衣，这似乎有点像满族服装，并且画像上的女子两条辫子不是垂于背后而是垂于胸前。

对于此画像人物的服装和发式，笔者为此专门请教了曾在新疆生活工作十七年左右的王世杰①研究员。王世杰认为，单凭画

---

① 王世杰：天津人，从事考古调查工作，有十七年左右在新疆生活和从事文化工作的经历，发表古代文化研究和新疆风物散文百余篇，主要著作《神秘的大漠边缘》。

像的服装很难判断人物的民族，因为此服装的样式是典型的满族服装，服装的图案虽酷似维吾尔族喜爱的巴旦木，但却不是巴旦木。新疆的南疆是中国巴旦木主要产区，喀什地区的栽培历史已一千多年之久。巴旦木扁桃的形状深受维吾尔族的喜爱，其图样（含变形图案）广泛出现于花帽、头巾、绸料之上。人们把扁桃的形状，或变宽或变窄，或加长或缩短，或把桃尖变成卷曲状，变化形式很多。因此，对于《威弧获鹿图》上女子服装上的图案的理解，他这样写道：

> 递箭女子衣着上的图案，是由两种图案单元构成。其一是淡黄色的羽毛状图形，粗看外形与巴旦木有些相似，细看则与巴旦木完全不同。巴旦木果实表面基本光滑，巴旦木树叶也形如柳叶，外缘光滑，而此图形则外侧边缘为曲折，形如大锯齿。严格上讲，这淡黄色的图形更像花叶，一种比牡丹叶更狭窄的锯齿边缘的叶子，并在基部带有叶柄，甚至看出叶脉，总体形似羽毛。其二是面料上布满了折枝的花卉，花朵为五瓣或六瓣组成，花为粉白色，花萼下是一根长长的呈"S"形的花柄。而自然界里的巴旦木花，没有如此长的花柄，它是如桃花、杏花那样，花柄很短很短，花萼几乎就是直接生长在枝条上，紧密成簇地拥挤在一起。所以，递箭女子衣着上的图案，不能准确地说是巴旦木图案。当然，不排除画匠描画有误的可能性，他们没有见过巴旦木的花、果，绘画时，加上了自己的想象，加上了自己错误的理解，把巴旦木图案画成了这个样子。但画像女子的两根较长的大辫子发式，

则与维吾尔族妇女的习俗相一致。维吾尔族少女时，常是扎多根细小的发辫，甚至数目与少女的年龄相同。而成年女子则多为两条发辫，已婚女子更是如此，且辫梢散开，一般不用头绳绑扎，有时也会把长发辫盘结成发结。……无法依据该画的面部形象断定她是西域人种。

但综合比较分析后，王世杰研究员和杨伯达老前辈的结论是一样的：此画像女子很可能是传说中的容妃。

尽管如此，此幅画像在没有查到确凿的文字记述之前，还是不要太武断地下结论。

另外，在此文章中，杨伯达先生将前面那幅《香妃戎妆像》定为乾隆帝的固伦和孝公主像或者固伦和孝公主母亲惇妃像。杨伯达老前辈的这些定义性质的论断，为香妃画像之谜更添加了一些神秘色彩。

"宝月楼""浴德堂"探源

很多人认为宝月楼是专为"香妃"而建，并据此加上一些乾隆帝诗句编成许多感人的故事，这是没有事实根据的。宝月楼位于中南海南岸西长安街路北，这座建筑现在保存得非常好。清朝灭亡后，民国政府办公地设在中南海。袁世凯把宝月楼南面原有的一段长墙拆毁，把宝月楼露了出来，作为中南海的南门，改称为"新华门"，即现在党中央、国务院办公地方的中南海的正门，也就是说现在的新华门就是原来的宝月楼。

据考证，宝月楼始建于乾隆二十三年（1758），乾隆帝在《宝月楼记》中写道："顾液池南岸逼近皇城，长以二百丈计，阔以四丈计，地既狭，前朝未置宫室，每临台南望，嫌其直长鲜屏蔽，则命奉宸，既景既相，约之椓之，鸠工戊寅之春，落成是岁之秋。"这里的"戊寅"是指乾隆二十三年（1758）。就是说在这年春天开工营建，在当年秋天就竣工了。乾隆二十四年（1759）六月初五日，内务府奏为销算宝月楼工程银两事，称：

> 修建瀛台南泊岸宝月楼一座，计七间，月台一座……及油饰彩画糊裱等项工程俱经完竣。……共销银六万三千四百四十三两四钱五分……

民国早期的新华门即清朝的宝月楼（1）

民国早期的新华门即清朝的宝月楼（2）

乾隆二十四年（1759），乾隆帝在《御制题宝月楼诗》中写有"南岸嫌长因构楼，楼临直北望瀛洲"，并小注："瀛台皆前明所建，惟南岸向无殿宇，故为楼以配之。"这里，乾隆帝把建宝月楼的意图已说得一清二楚了，就是为了补景、配景，起到一个屏障的作用。又为什么称其为"宝月楼"呢？乾隆帝是这样说的："池与月适当其前，抑亦有肖乎广寒之庭也。"宝月楼因其地理位置有似于月宫的广寒宫而得其名。乾隆二十三年（1758）建宝月楼时，清军正在新疆与回部叛乱军队作战，胜负难测。而容妃进宫是在乾隆二十五年（1760），宝月楼早已建成一年多了。也就是说在建宝月楼的时候，别说是否知道有一位新疆女子将进入皇宫，就是连新疆战况结局如何还不知道呢。把一个为了填补风景的建筑物说成是为了异乡美女而建，真是把牛头和马嘴联系在了一起。

但是令人没想到的是，一些清史专家和学者居然也认为乾隆帝建宝月楼的目的就是为了香妃，其用意很简单，就是要宠爱、讨好这个来自新疆的女人。其理由一是语言文化不同，二是饮食习惯不同，三是生活风俗不同，四是宗教信仰不同。这些理由看上去似乎都很有道理。但是笔者认为乾隆帝是大国之主，天之骄子，作为天下最尊贵的人，他拥有天下所有的一切，其尊严和地位是不会被一个女人影响的。"语言文化不同"，乾隆帝会维吾尔语，这点很重要，他不用翻译就可以独自与容妃在语言上沟通；饮食习惯不同，生活风俗和宗教信仰也显然不同。至于饮食和宗教的不同，这些并不影响得宠，容妃在皇宫中同样可以受到生活特殊照顾，并且有更多机会和时间见到皇帝而得到作为女人应有的幸福。

至于宝月楼之南的回子营，乾隆二十四年（1759）十二月十三日的清朝内务府档案中有这样的记载："今西长安门外，回子营居住房屋已修成，恳请将回子额色音等移居彼处（原件为满文，此处为译文）"。并且提到拟移居的人员有公爵额色音、台吉衔图尔都和玛木特及随从等九人，他们原居住在关防衙门处，移入回子营后"额色音等三人仍居住在一处，家眷送到京后，供给所需生活什物，又赏予三所房屋等情，另行请旨办理"。由此可知，回子营建成于乾隆二十四年（1759）年末，额色音等人是进京的第一批人员，他们的家眷在乾隆二十四年（1759）年底还未进京，这其中包括图尔都的妹妹容妃。也就是说容妃进京前，回子营已建好，并有人入住了，此时的乾隆帝并不知新疆来的额色音等人的家眷中有自己未来的妃子，把建回子营说成是为取悦容妃,以"稍杀思乡之念",纯属后人臆断出来的。

虽然乾隆帝在乾隆二十七年(1762)的一首《御制宝月楼诗》的诗注里写有"楼临长安街,街南俾移来西域回部居之,室宇即肖其制",但根据历史档案记载,那些回子营的建筑形式,是传统的八旗营房样式。"室宇即肖其制",无非是在建筑中添加了一些毡帘之类的建筑装饰。而当初营建回子营时,并没有建回民宗教朝拜需要的"礼拜寺",而营建"礼拜寺"则是因为把这些回民正式编成"佐领",纳入一个地方地区的行政编制。"礼拜寺"是乾隆二十八年(1763)兴工,乾隆二十九年(1764)落成的,而此时已是回子营建好后的第五年。并且根据严谨的考证,该回子营中的礼拜寺的建筑规模,远不及牛街和东四牌楼的清真寺。乾隆帝在该寺建成后的《御制礼拜寺碑文》中解释营建的目的是为了"宠绥,回人亦吾人也","统同合异,使瞻听无奇邪"。这是为了国家的统一、民族的和睦,是乾隆帝推行怀柔民族政策的一种手段。

再来看看浴德堂。那座被说成香妃沐浴的浴德堂,位于紫禁城武英殿内西北,坐北面南,面阔三间。浴德堂内一房间的东门外,有一条砖砌的弯弯曲曲的通道,通道顶部呈拱形,通至后室,并且有通向室外的天窗。后室屋顶呈穹隆形,建筑带有

浴德堂内景

武英殿鸟瞰

鲜明的土耳其式风格。浴德堂的整体构造与附近其他建筑迥然不同，确实像一间浴室。室内天顶及周壁遍砌白釉琉璃砖，顶部开窗。室外有锅台，供烧水之用。西侧有井亭一座，悬石槽引水入锅，烧热水入室。仅从这些内部装修的设备来看，浴德堂的确像是供人们洗澡的地方。

紫禁城是在元代宫殿废墟上兴建起来的。据考证，这组建筑就是元代遗留下来的。它原是元代大内正门崇天门外元大都留守司衙门里的浴室。清人钱大昕的《元史氏族表》中记载，当元朝统一全国时，朝廷在重用蒙古人、汉人之外，很多回族人也得到了重用。在生活习惯上，蒙古人逐渐脱离游牧之风，把蒙古、汉、回三个民族生活方式融为一体。蒙古人的居室最初习惯上是没有浴室的，最后可能受回族礼拜沐浴生活的影响，才在大内宫殿中设有浴室多处。另据明人萧洵《元故宫遗录》记载,"台西为内浴室,小殿在前"。元末明初陶宗仪的《南村辍耕录》中记载,"延华阁浴室在延华阁东南隅东配殿后",而且在大内还有专门管理浴室锁钥的机构。武英殿浴德堂的结构布局,正好与元大内"延华阁浴室有小亭"和"台西为内浴室、小殿在前"之安排相吻合。

单士元先生生前曾撰文《故宫武英殿浴德堂考》,认为浴德堂可能是元代建筑,明代重修北京宫殿时,规划中将这座浴室与东华门内文华殿大庖井相对称,正合"左厨房右浴室"的古礼,因而得以保留。但该处并非真正的浴室,而是按古礼帝王宫殿必具"浴德澡身"之意而存在的。

据考证,"浴德"二字来自儒家经典。《礼记·儒行》云:"儒有澡身而浴德,陈言而伏,静而正之。"沐浴,由清洗身体开始,

文华殿是明清两朝皇帝讲经赐宴的场所

后引申为整洁心态，乃有"浴德"之说。"澡身浴德"，意谓砥砺志行，使身心纯洁清白。宫殿中有以"浴德"题额者，均属比喻之意，并非真指洗澡。

另外，有人根据《礼记》记载，人死后也需要洗澡这一礼制，并根据明朝曾在仁智殿为明仁宗举办过殡礼活动这一事例（按礼制，武英殿斋宫和仁智殿均是举办丧礼活动的场所），而浴德堂浴室则正好处于两者之间，因此认为它是专门给死后的皇帝尸体洗浴的场所，附属设施都与《礼记》所记载给死者沐浴的情况相同，浴德堂浴室独特的结构和地理位置完全符合浴尸条件及礼仪制度。但就此而言，即便浴德堂在明朝或者更早时期真有如此功能，那么在清朝是否也会如此安排就很难说了。至于让后宫妃嫔在里面洗浴，那更不可能了。我们可以设想：深居皇宫大内的皇妃，能够到很远的外朝去洗澡吗？能够让皇妃到曾经给前朝皇帝洗尸体的地方洗澡吗？

在清朝，武英殿一直是皇家编书印书的场所，浴德堂也成了

清朝后妃洗澡用的澡盆

编书人校勘书籍、执管完文的地方。康熙十九年（1680），康熙帝颁旨，设立武英殿造办处，专门负责内府图书的雕版、印刷、装潢。康熙年间的《古今图书集成》、乾隆年间的《钦定武英殿聚珍版书》都是在武英殿印制而成。乾隆朝鄂尔泰、张廷玉等人编纂的《国朝宫史》一书中对浴德堂有如下记载："……西有浴德堂，为词臣校书之处，设总裁统之。"档案记载，"嘉庆年间，茶库存贮黑香、白芸香等物各有千余斤，一年武英殿蒸露所用无几"。在历史上，书又被称为"芸编"，因为印书的纸张用芸香熏蒸，可免虫蛀。古人用纸有生熟之分，经涂蜡或煮锤者为熟纸；反之是为生纸，染纸则是用水和色浸染。浴德堂的穹隆顶建筑，很可能是修书处装潢过程中熟纸、染纸、染帛等工序所需建之"潢"，相当于现在的积水池。与现代印刷术相比，过去木版印刷过程中，很重要的程序之一是对所用纸张进行湿润、压平，这就需要一个能大批量处理纸张的地方。因此，武英殿中的浴德堂是最好的一个修书的场所。

　　了解了浴德堂建筑的来历和用途就会明白：皇帝后妃是不可能在浴德堂内洗澡的。另外，从建筑位置来说，浴德堂属于故宫外朝宫殿，故宫外朝宫殿在清代是处理王朝大政之地，后宫妃嫔一律不准到达。后妃们又怎么可能在里面沐浴呢？因此，把紫禁城外朝宫殿浴德堂说成香妃洗澡的地方，是没有根据的。

　　单士元在《故宫武英殿浴德堂考》中认为，浴德堂后面井亭里的那口井的井口石头上磨出来的那十五道沟、每道沟深有五厘米至六厘米，这些深沟也不可能是乾隆朝一个妃子洗澡就能磨损出来的。

现在可以充分说明，乾隆朝时期的宝月楼和紫禁城外朝武英殿的浴德堂都不是乾隆帝为新疆妃子而营建和存在的。把宝月楼和浴德堂的存在说成是为了新疆来的妃子纯属主观臆断，无稽之谈。

第三章
真假香妃墓

香妃这个历史人物留给人太多的遐想与迷惑，仅香妃的葬地就出现了三处。除了官方记载的河北省遵化市的清东陵裕陵妃园寝，还有另外两处，分别是新疆喀什市浩罕村的阿帕霍加墓和北京的陶然亭。

调查：新疆喀什墓

香妃死后能身葬三处吗？当然不会。史册中未发现香妃死后有分葬三处的记载，也没有香妃衣冠冢的记录，更没有香妃做假冢的传说。既然这三处都称所葬为香妃，那这其中就必然有两处是误称或假冢。

在新疆喀什市东北郊五公里处的浩罕村有一座规模宏大的古墓群，这是一座典型的伊斯兰式的古老陵墓建筑，当地人称为阿帕霍加墓，又有人称之"香妃墓"。整座墓地占地三十亩，始建于明崇祯十三年（1640），距今已有三百多年，1988年被确定为全国重点文物保护单位。整座墓地由五部分组成，分别为门楼、小礼拜寺、大礼拜寺、教经堂和墓室。通向陵墓的路面上铺有阳刻的维吾尔族花纹的地砖。

在该陵园东部的建筑群是主体建筑物——主墓室。主墓室是一座近似长方体的庞大建筑,上面为方体圆顶,底面横长三十六米,纵深二十九米,高二十七米。四个角上各立有一座半嵌在墙里的巨大砖砌圆柱。这些圆柱底大顶小,底圆直径约三点五米。圆柱的顶上,又各有一座圆筒形的小"召唤楼",楼顶为一弯新月。主墓室屋顶中央为一巨大穹窿,其圆拱直径长达十七米左右。圆拱顶上有一座筒形小楼和一弯月牙。墓室四周的墙上,由绿色琉璃砖贴面,间以黄色和蓝色瓷砖镶嵌。瓷砖表面上大多绘有彩色图案和花纹,有的还写有波斯或阿拉伯警句,给人以深沉、庄严之感。墓室内的墓台上,排列着许多大小不等的坟墓,墓台和坟墓是用各色琉璃砖砌成的,有些坟墓还加盖有一层不同颜色的布罩,在墓室里右上角有一座小墓堆,相传为香妃墓。

按照当地的普遍说法,这座墓地共葬有阿帕霍加五代共七十二人,现存五十八个墓堆。

据史料记载,阿帕霍加墓是香妃的高祖阿帕·霍加为他的父亲阿吉·霍加修建的。阿帕·霍加死后,也埋葬于此。后来,其家族的一些人死后也陆续葬在这里。这座墓经过不断修缮、

新疆香妃墓墓内棺椁图

扩建，历经三百多年，才形成今天的规模。

阿帕霍加墓从什么时候又有了"香妃墓"的名称呢？文献上没有明确、具体的日期记载。据纪大椿《喀什"香妃墓"辨误》一文考证，在光绪三年（1877），清军随军参事萧雄曾到过新疆喀什噶尔，在光绪十八年（1892）客居长沙时，"旅馆蓬窗，兀坐无聊，回思往迹，神游目想，搜索而成篇，共得四十余首"。其中有一首《香娘娘庙》诗，如果这首诗记述属实的话，诗中的"香娘娘庙"就是写的这座墓地，也就是说这座墓地披上"香妃墓"这个名字不迟于光绪十八年（1892）。这也是目前发现最早时间称之为"香妃墓"的记载了。

光绪三十三年（1907）刊印的《王湘绮先生全集》中只有"回妃"这个词语，未有"香妃"之名，也未提到体有香气，更未说死后葬到了新疆的喀什。

时间到了1920年，谢彬在他写的《新疆游记》中却直接称和卓墓为"香娘娘庙"和"香妃墓"了。守墓的阿訇只说"大者男坟，小者女坟，皆'香妃'亲属而已"，当"询守墓阿訇'香妃'何在，皆莫能对"。这就是说，当时守墓的阿訇并不知道"香妃"埋在那里。

1945年，徐灵风在《新疆内幕》中写道："香妃墓的阿訇说那右角的小坟是'香妃'的，但是又有人说是中间那较大的一个。"这说明，在1945年守墓阿訇虽然已认为"香妃"葬在那里了，但不能确定香妃的具体埋葬地点。

中华人民共和国成立后，随着香妃名气的不断扩大，守护阿帕霍加墓的人却可以毫不含糊地立刻告诉你香妃葬在该墓地的具体位置了。但具体是哪年确定"这里就是香妃墓的位置"这一说法的，都说不清楚。

不过这可以看出，守墓者可能是根据香妃热的不断升温和旅游形势的需要而确定香妃的葬地位置的。和卓墓在乾隆六十年（1795）曾进行过较大规模的维修，并且是乾隆帝降旨由朝廷拨款。这座和卓墓早在崇祯十三年（1640）就已出现，而香妃则是民国时才开始流传的人物，把两百多年前就已有的陵墓说成是香妃墓，这多少有些牵强了。再者，在封建社会，已婚妇女死后，一般都要葬入婆家坟地里，很少有将遗体运回娘家下葬的。在封建社会，皇帝是九五之尊，享有至高无上的权力，尊贵无比的乾隆帝不可能放下皇帝的尊严，容忍自己的一个妃子死后安葬娘家的做法。

现在通过分析考证可以确定，新疆喀什和卓墓中并没有安葬香妃。之所以有人把这座墓称为"香妃墓"，可能是由于当地想提高该墓的知名度，以致以讹传讹，越传越广。另外，也有人说喀什的和卓墓是香妃的衣冠墓，并列出以下两个理由：

一是乾隆帝维修喀什墓不仅说明是宠爱香妃，也是为进一步笼络回部做出来的姿态；

二是新疆人民为了怀念和见到自己的亲人香妃而做的衣冠墓。但不管怎么说，把新疆喀什市的阿帕霍加墓称为香妃墓是不妥的。其实，即使喀什的和卓墓不被称为香妃墓，也丝毫不会降低它的历史意义、文物价值和建筑艺术价值。

正说：遵化容妃墓

考证了新疆的香妃墓的真伪后，再来看看葬在河北省遵化市清东陵裕陵妃园寝内的容妃墓。

经过查阅大量清宫档案得知,乾隆帝确有一位来自新疆的维吾尔族妃子,其封号为"容妃"。

在《清史稿·列传一·后妃》中记载有乾隆帝的容妃介绍:容妃,和卓氏,回部台吉和扎麦女。初入宫,号贵人。累进为妃。薨。

由唐邦治编写的《清皇室四谱》中也记载有乾隆帝的容妃:容妃和卓氏,台吉和扎赍(麦)女。初入宫赐号为"贵人"。乾隆二十七年五月,以克襄内职,册封容嫔。三十三年十月,晋容妃。五十三年戊申四月十九日,卒。

《清皇室四谱》内页

作为清朝官书的《清文献通考》,编写时间是乾隆三十六年(1771),其在《帝系考》中也有记载容妃的条目:容妃和卓氏,台吉和扎麦女。乾隆二十七年五月,封容嫔,三十三年六月,晋封容妃。

下面这些清宫档案明确记载了乾隆帝的容妃,其死后葬在了遵化境内的裕陵妃园寝内:

1. 内务府来文:……准内务府文开:(乾隆五十三年)九月十七日仪郡王带领阿哥等位具送容妃金棺往东陵妃衙门永远奉安……

2. 礼部文:礼部为知照事。祠祭司案呈,本年十七日起送容妃金棺至东陵妃园寝永远奉安，本部派出员外郎兴麟、笔帖式舒兴阿送往，相应知照内务府查照可也。

3. 光禄寺文：光禄寺为公务事。准礼部文开容妃前于九月十六日预行奉移礼致祭，办连饭桌十三张。十七日金棺奉移，沿途分为五宿，每宿供饽饽桌一张。二十二日抵纯惠皇贵妃园寝，至二十三日，每日芦棚内仍供饽饽桌一张。二十三日预行永远奉安礼致祭，办连饭桌十三张。所有各处应用桌张相应行文贵衙门查照办理可也。

4. 掌仪司文：掌仪司为知会事。本月十七日辰时奉移容妃金棺，于十六日行奉移礼致祭。二十五日卯时永远奉安。于二十三日行永远奉安礼致祭。为此知会。

总管内务府印

总管内务府印文

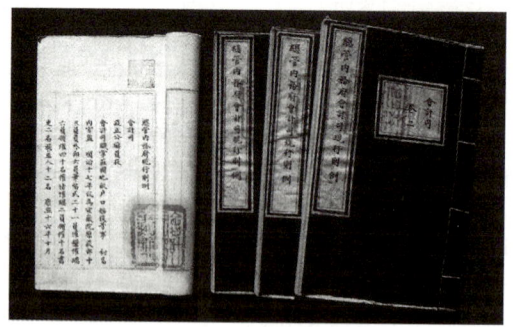
《总管内务府现行则例》书影

5. 东陵内务府文：东陵内务府总管衙门为行取事。孝贤皇后陵（即后来的裕陵，因当时只葬入了孝贤皇后，乾隆帝尚未入葬，所以只能称孝贤皇后陵）内关防衙门案呈：恭查容妃金棺于本年九月二十五日永远奉安于纯惠皇贵妃园寝，其所需铜器俱经广储司照例造送交在案。惟查容妃位前供茶应用暗龙黄瓷碗未经送到。理合呈明咨呈内务府转交广储司瓷库。发给暗龙黄瓷碗二个以备应用。

6. 东陵内务府文：乾隆五十四年二月十六日，东陵承办事务衙门为照例备拨地亩事。孝陵奉祀礼部案呈，据庄头周振基、杨振廷、园头任泰呈称：窃查自乾隆十七年起至四十年止，孝贤皇后梓宫奉安，并陆续奉安皇贵妃五位，并拨给庄头地拾肆顷伍拾亩，园头地四顷七拾伍亩，令其承办祭品。又纯惠皇贵妃园寝自乾隆十七年起至五十三年止，陆续奉安之贵妃二位、妃三位及嫔、贵人十二位、常在四位，共大小桌二拾一张，并未添给地亩，每年四时致祭需用糯米、麦面、苏豆、西瓜、甜瓜、菜蔬等项，俱系庄园头垫办。但从前年岁丰盛，通融办交祭差已属拮据，近年以来，采买品物时价较比从前倍加昂贵，实在不能垫办。情急无奈，只得叩恳施恩，呈堂请添地亩，以便备办祭品不致有误等情呈递前来。恭查乾隆八年奉旨将光禄寺承办嫔、贵人、福晋、格格、常在、答应等位桌张归并陵寝办理四时致祭。庄头二名，共添给地四十八顷三十二亩五分九厘二毫，园头一名，添给地十一顷二十九亩九分三厘九毫等目，添给在案。今纯惠皇贵妃园寝奉安之嫔、贵人、常在十六位，每年祭祀需用糯米、麦面、西瓜、菜蔬等项，同一体，理应照依前例酌给地亩。但查嫔、贵人、常在等位尚有酌给地亩之例。其忻贵妃、庆贵妃、豫妃、舒妃祭田更应援例添给。又于乾隆五十三年九月二十五日，容妃金棺奉安纯惠皇贵妃园寝，礼部原奏内开，周年、四时致祭典仪祭品，应需米面、菜蔬等项，由陵寝承办事务衙门照例办理等，目前来查每年四时致祭应用米麦瓜菜等项，总由庄园头承办，今位分既多，若不添拨地亩，其备办祭品钱粮无出，诚恐庄园头等有误祭差，相应呈明。请照乾隆八年添给地亩之例，行文内务府查办，实为得便，须至咨者，右咨内务府。

关于容妃葬入清东陵裕陵妃园寝的档案很多。《昌瑞山万年统志》《陵寝易知》都非常清楚、明确地记载着容妃葬在了裕陵妃园寝内，并绘有详细的葬位图。

所以肯定地说，容妃死后，乾隆帝将她葬在了今河北省遵化市清东陵的裕陵妃园寝里。

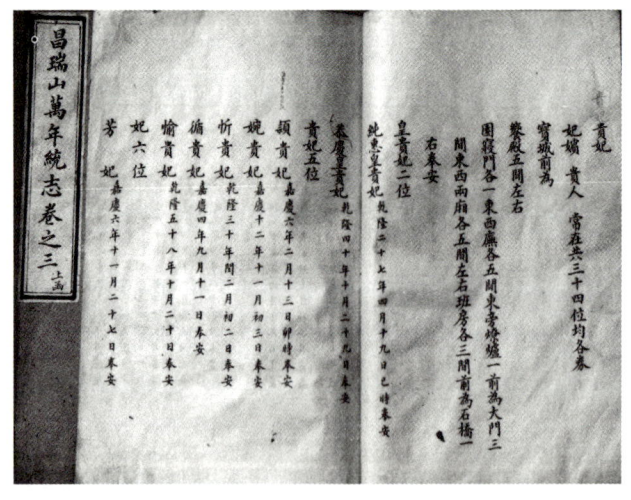

《昌瑞山万年统志》一书中裕陵妃园寝内葬人的记载

笑看：北京"香冢"坟

另外，还有人认为香妃被俘进入皇宫后，因不顺从乾隆帝，被皇太后赐死，之后被乾隆帝葬于北京陶然亭北的丛芦乱苇中的一个土堆下。在土堆旁竖有一碑，铭云：

浩浩愁，茫茫劫，短歌终，明月缺。郁郁佳城，中有碧血。碧亦有时尽，血亦有时灭，一缕香魂无断绝。是耶非耶？化为蝴蝶！

当地人称之为"香冢"，有人说里面埋葬的就是香妃。这段记载可见于《满清稗史》中《新燕语》卷下的《香冢》。其实，这篇四十五个字的碑文中，既没有指出内葬人是谁，也没有指出内葬人入葬的日期，更没有碑文撰写者的姓名。若称香妃就葬在了这个荒草土堆内，实在牵强附会，难以让人相信。现在这块碑已不复存在了。

为什么人们会把这个冢认为是香妃的墓呢？因为这个冢的名字叫"香冢"，这是许多人认为香妃葬在这里的主要依据。据文献记载，这个冢在咸丰年间才有。当时此冢是一些多愁善感的人效仿林黛玉寄托哀思堆起的葬花冢，文人墨客嫌弃"葬花"不雅，所以改名"埋香"。后来人口相传，逐渐叫成了"香冢"。甚至有人因此说皇太后怕乾隆帝悲伤过度，特选一个与香妃容貌相似的美女，也赐名香妃，送给了乾隆帝。《燕京杂咏》上对此这样记述：

万芦遥拜一碑孤，年月封题姓氏无。

四十五言铭古冢，埋香瘗恨总模糊。

从上面文字很容易看出，之所以有人这样认为，是因为那一篇四十五字的碑文所致，后又因乾隆朝确实有一个称"容妃"的女人来自新疆。但此说法实在不足信。

在民国二、三年（1913年、1914年）看守裕陵妃园寝的人说园寝里面有香妃冢，享殿内有大、小两张"香妃"画像。清宫档案和东陵秘籍中又明确记载着容妃葬入了裕陵妃园寝内，陵图里还清楚地标注着容妃墓位于前两排东数第一位。那么，这座地宫里所葬的人物身份是否与文献所记载的一样呢？容妃墓盗洞的发现，老天好像有意成全我们这个心愿，特地赐给了我们一次极为难得的见证历史真相的机会。

裕陵小圈，当年看守裕陵妃园寝内务府员役的住所（牌坊为今人建）

第四章
走进容妃墓

人们在容妃地宫里发现了棺木、女性头骨以及一些有价值的丝织物残片。工作人员查找了清宫档案所记载的容妃墓陪葬品，却一无所获。但人们意外地发现，容妃地宫的金井忘记了清理……

找到了容妃的头骨

在接到清东陵文物保管所清理容妃地宫的要求后，河北省文化局的赵辉和遵化县文教局的王翠萍两位同志，在上级安排下，来到东陵指导工作。

东陵人对赵辉太熟悉了，他经常往来于石家庄和东陵之间，传达省文化局领导的指示，协助东陵工作。当年开启和清理裕陵地宫时，省里就是派他来东陵指导工作的。这次清理容妃地宫，他可以说是最佳人选。遵化县文教局派来的王翠萍，也经常来东陵，她比较年轻又长得清秀，平易近人，所以大家都亲切地叫她"小王"。

这时，容妃地宫中的渗水早已安排人员进行了清理。10月6

日上午,所长宁玉福、赵辉、小王、徐广源、于善浦、高福柱等六个人早早来到容妃墓盗洞前准备进入。他们将事前准备好的一个长木梯从洞口放下,梯子下端支在塌落的砖石上,上端靠在洞口南沿,放稳后,留一部分人在地面上看守洞口,然后其余的人顺梯而下。到下面人们才知道,水虽然抽完了,但地宫里石灰浆还有很多,深达二十多厘米,根本无法行走,只得又叫人从洞口上顺下许多脚手板。在通向金券方向的泥浆里,放进大砖头,再铺上脚手板。他们踩着脚手板慢慢往里走,边走边看。因为这是第一次进入妃子墓地宫,所以几个人看得特别仔细。

容妃地宫

容妃地宫石门上的衔环铺首

　　容妃地宫为拱券式石结构,由罩门券、门洞券、梓券、金券和一道石门组成。罩门券外口是一道用城砖砌的厚墙,把地宫封挡住,这道墙叫"挡券墙"。墙的上部已坍塌,不知是人为还是自然坍倒的。石门门楼上的脊吻、瓦垄,都是用整块石料雕刻而成的。两扇巨大的石门半敞着,每扇门高约三米、宽一点五二米,也是用整块石料雕制而成的。门上既无菩萨雕刻,也无门钉,只有一个兽面衔环铺首①。东扇石门上角留有盗墓贼砸破的残痕。石门门管扇②为整块红铜铸成。顶门用的自来石倒在门洞券的泥浆里，断成两截。门洞券北口是梓券，为拱券式，所谓"梓券"，其实就是金券的门口，拱券式，只是没有门扇。

容妃地宫金券石券顶渗漏的石灰浆痕迹

容妃地宫金券内的石制须弥座形棺床及其地面

金券是地宫的主体和关键部分，面阔四点八米，进深五点一五米。墙壁上挂满五六厘米厚的雪状风化白灰，手触即落。从墙壁上遗留的水的痕迹来看，地宫积水最深时达二点五米。金券地面

容妃外椁尾部已残破

容妃棺椁上的葫芦头

① 首：门扇上的饰物，大多作兽首形，口衔门环。
② 门管扇：门顶部的部件，两端插进两边墙内。门的上轴插进门管扇两端的孔内。铜管扇是每座陵墓中固定石门的必备物。慈禧陵第二道石门的上门槛与铜管扇为一体，四个门簪也是铜质的，均为铜制，这是特例。

北部是用巨大石块砌成的棺床,宽与金券面阔相同,进深三点五七米,高零点四三米,南侧立面刻成须弥座形。

人们在地宫金券里发现,棺床上东西方向横置着一具棺椁,棺头向东,是标准的清式"葫芦材"。清朝皇家的棺木一般为两层,内称"棺"外称

被盗后容妃棺椁上的盗洞(1979年10月5日)

"椁",平头齐尾,两侧板垂直,椁盖向上斜坡,前端有一葫芦形木板,故名为"葫芦材"。棺木成形后,内棺周身涂以朱漆,雕有填金的藏文经咒和底饰为"万"字不到头纹样。帝后外椁则漆饰四十九道,工序各有不同名目。每漆一道,同时另在一块木板上也漆一道,作为记录。待四十九道漆上完时,就根据该木板断面漆的层数厚度来检验质量。漆饰完毕,还有一系列的加工。皇贵妃以下至嫔的棺木称"金棺",漆饰的次数按等级递减,最外层饰以金黄色;贵人以下的棺木称为"彩棺",最外层饰以朱漆。

据文献记载,棺椁在地宫内应头朝北、尾朝南放置。这具棺木横置,显然被当年盗墓贼所移动。椁的右帮上被盗墓贼砍成一个长一点七五米、高零点六米的长方形洞,从断痕上看是利斧所砍。出于职业的习惯,进入地宫的人员来到这具棺椁前,从所砍的洞向里面仔细察看,竟然发现这具棺椁没有内棺,仅是一具空

外椁，除了一寸多厚的淤泥外，空空无物。椁的正面有手写的少数民族文字，但大部分已模糊不清。

在金券里，人们发现在棺床的西北角有未燃尽的松枝、松塔、木柴等物，毫无疑问这是当年盗墓贼照明用的遗物。他们在地宫里还找到了一些骨头和织物残片，但就是没有找到头骨，大家都感到很困惑。对此，徐广源并不甘心，他用一把铁锹在泥浆里轻轻探寻，很快就在泥水中发现了一个头骨。

徐广源先生回忆当年情景时说：

我不甘心，继续寻找，用铁锹在灰浆中小心探寻，在棺床南，无意之中触到一硬物，伸手捧起，竟是一个满是泥浆的头骨，在场人都惊喜异常。

我捧着这颗头骨，更是喜出望外，如获至宝，头骨的发现，不仅说明容妃墓不是空穴，更是墓主人年龄、民族的有力物证，我小心翼翼地捧着头骨来到地宫外，用清水把泥浆冲洗干净，阴干。

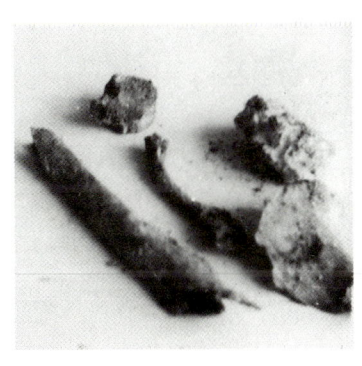
容妃地宫发现的部分容妃遗骨

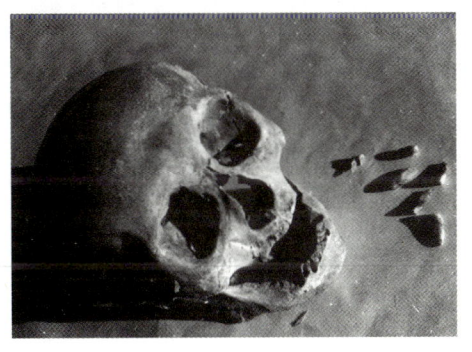
清理地宫时发现的容妃头骨及牙齿

所长一再叮嘱要保管好头骨，存入库房。我找来了许多柔软的布，一层一层包了许多层，放进库房中一个木箱中，还在木箱中放了不少的软纸倚住头骨，以防晃动，这可是我们清东陵珍贵的宝贝。

找到头骨之后，徐广源又找到了一条发辫。

后来在全面清理地宫时，又陆续找到一些遗物和随葬品，这些地宫出土文物虽然说不上价值连城，却是进一步研究容妃极为重要的实物证据。

地宫里的惊喜发现

简单地说，文物就是人类历史文化的遗存，具有历史、艺术、科学价值的遗物和遗迹。

容妃地宫尽管已被盗掘，但经过认真清理，仍找到了一些遗存的随葬品。这些遗存文物对于考证容妃的卒年、族别、宗教信仰以及她在宫中的地位等具有很高的价值。这些随葬品有：猫眼石、小钻石、各色宝石、珍珠、金耳环、琉璃珠、石雕佩饰、掐丝金饰、镀金铜纽扣以及部分衣物残片、吉祥帽和荷包；头颅骨一个、一些肢骨和花白发辫一条等。下面把其中有重要价值的主要文物介绍一下。

头颅骨：头颅骨基本完整，鼻骨、颧骨及下颌稍有缺损，头颅骨表面呈深褐色，这可能与长期浸泡在地宫的积水中有关。骨缝大部愈合，眉弓乳突均不显著。

发辫：容妃的发辫长八十五厘米，细黄的头发中杂有花白的头发，发辫根部还扎有头绳。

容妃的荷包、发辫

衣物残片：在容妃地宫中发现了大量的丝织衣物残片，主要有：绣花龙袍、缂丝①龙袍、贴绣龙袍、锦褥、绫袍、绫裙、哈达②、三梭罗、花罗、黑纱及堆绫荷包、青缎吉祥帽等。

下面，我们详细地介绍一些地宫清理出的丝织品残片。

宝蓝地妆花织成袍（残片）。此袍料残片幅宽为七十二厘米，机边零点五厘米。花纹有暗花、妆花两部分。暗花部分长六十四厘米的团龙与如意云纹相间。团龙为独龙戏珠，直径为六厘米。妆花部分长二十二厘米，为双龙戏珠，金龙、彩云海水江崖。另有一百三十厘米长的龙袍披肩，暗花、妆花同时织造龙戏珠、彩云等花纹部分。这件织成衣料所用捻金线极细，所织花纹、色彩都很精美。在机头上织有"江宁织造臣成善"等字。

驼色地五彩加金寸蟒祥云妆花缎（残片）。这件织物残片幅宽七十六厘米，机边零点五厘米。花纹为团龙祥云相间，均为五彩加金，花纹长十九厘米，宽九点五厘米，团龙直径为四点五厘米。此件织工、设色、花纹也很精致。机头织有"江宁织造臣成善"

---

① 缂丝：中国特有的一种丝织手工艺品。织纬线时留下补织图画的地方，用各种颜色的丝线补上，织出后有如刻出的图画，也叫"刻丝"。一件缂丝作品要经过数月乃至数年才能完成，所以有"一寸缂丝一寸金"之说。
② 哈达：一种长条丝巾或纱巾，有白、黄和蓝等颜色。藏族和部分蒙古族人用以表示敬意或祝贺。

及"机匠王奇"等文字。

杏黄地暗花团龙杂宝缎（残片）。幅宽七十厘米，机边零点五厘米，花纹为团龙间杂宝。团龙直径为九厘米，内有升降二龙戏珠。杂宝有：金锭、珊瑚、方胜、犀角、海螺、如意。花纹排列分为四行，团龙间如意一行、金锭间珊瑚一行、团龙间方胜一行、犀角间海螺一行，花纹间距为五十厘米，宽为十八厘米。机头上织有"苏州织造臣四德"等文字。

八达晕织金锦褥（残片）。锦褥为三幅合成，没有机边，宽达一百一十七厘米，素绸里。锦为宋式锦纹样，为捻金织成团花、如意、蔓草彩格，底色分辨不清。花纹间距为十七点五厘米宽、二十厘米长。

青缎衬帽。也叫"吉祥帽"，是女朝冠内的衬帽，前面的佩

容妃地宫出土的杏黄暗花团龙杂宝缎残片上织有"江宁织造臣成善"字样

容妃地宫出土文物：杏黄暗花团龙杂宝缎（残片）局部放大

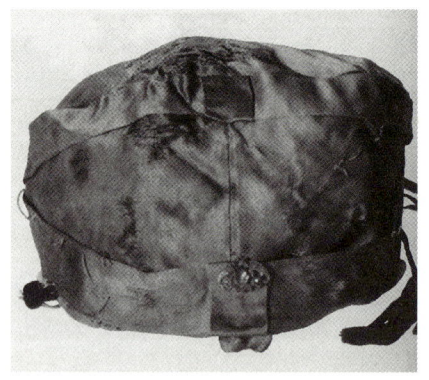

容妃地宫出土的吉祥帽

饰大部分已无存，仅剩嵌有红宝石的银蝙蝠饰件，帽边钉有用青罗编结的小辫。

其他的织物还有很多，如绣花龙袍、钉绣龙袍等。

容妃地宫中出土的所有实物虽然都是一些零星残碎遗物，并非奇珍异宝，然而对考证"香妃"具有重要价值，也是极为珍贵的实物资料。下面，我们对地宫出土的相关遗物进行简单的分析考证。

一是棺木。

外椁的正面有金漆书写的文字，经有关专家鉴定，是阿拉伯文字，其内容为伊斯兰教《古兰经》的开头"以真主的名义……"。清朝的丧仪制度是，在死者的内棺上阴刻藏文经咒，用以超度亡魂。墓主人在

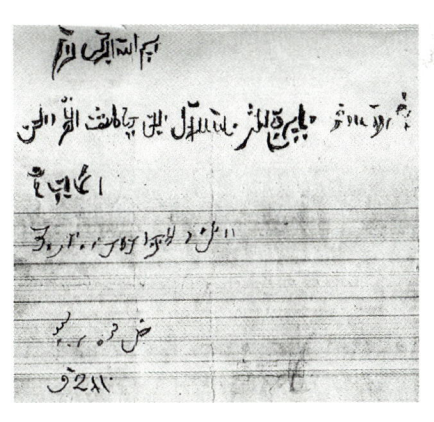

容妃棺椁上的阿拉伯文字

死后能把《古兰经》中"以真主的名义……"等内容文字带进自己墓地，并写在棺木上，这是墓主人信奉伊斯兰教的最有力的证据，同时也表明乾隆帝尊重死者的宗教信仰，照顾死者所在部族的宗教信仰，是一种显示"皇恩浩荡，安抚（泽被）众生"的有效策略。

二是头骨。

墓中头骨的发现，不仅证明这座墓穴不是衣冠冢，而且从骨缝的密合程度及其牙齿磨损的情况分析，墓主人的年龄大约

为五十多岁。北京有关专家对容妃墓中的头骨分析考证得知，墓主人是一位老年的少数民族女性，但遗骨未发现有"异香"产生。

清宫档案《清宫杂件》记载："乾隆五十三年四月二十日，大学士和珅传旨：'容妃遗下衣服首饰等物，俱著分送内庭等位，并赏公主、大格格及丹禅、本宫首领太监、女子等，钦此。'"《大清会典》《会典事例》记载："乾隆五十三年四月十九日，容妃薨。当年奉移容妃金棺于纯惠皇贵妃园寝安葬，设神位于舒妃之次。"由东陵陵寝官员撰写的《昌瑞山万年统志》《陵寝易知》中记载："容妃，四月十九日薨，乾隆五十三年九月二十五日奉安①。"通过对头骨的鉴定，表明死者的年龄与文献档案中记载的容妃终年是一致的。

对于遗骨骨质的研究。在容妃墓地宫中发现石券四壁及石门上凝结有一寸多厚的白色雪状风化物，地宫中有渗入的积水，棺床上下是白灰浆。这些白灰浆是哪来的？通过实地考察知道，这主要是由于地宫基础外围填厢灰土、宝顶以及砌料所用大量白灰的缘故。白灰也叫"石灰"，即主要成分是碳酸钙，碳酸钙遇到含有二氧化碳的酸性雨水，会生成能溶于水的碳酸氢钙，并含有大量钙离子水，日久天长，这些物质渗入到地宫里。又因地宫中温度及湿度，物质间发生可逆反应而生成不溶于水的碳酸钙沉积。

另外，陵寝建于山区，雷电较多，空气中的二氧化硫等气体

---

① 奉安：此处为入葬之意，即恭奉皇帝、皇后、妃嫔的棺木从殡宫（入葬之前灵骨暂安之处）移往陵寝，入地宫安葬。

在雷电作用下，会发生化学反应，生成少量硫酸雨，硫酸与碳酸钙反应，生成微溶于水的硫酸钙。

盗墓贼在盗墓时点燃了大量木屑、松枝、松塔等物照明，这些物质不充分燃烧会产生一氧化碳、二氧化碳及二氧化硫等气体。而地宫中的这些气体与水反应又生成碳酸、硫酸等酸性液体。这些遗骨常年浸泡在混有各种酸性溶液的地宫积水中，又会发生一定的化学和物理反应，这些反应可能会把骨质中含有的微量元素改变了，这一点从头骨呈暗褐色，其余遗骨已有被严重腐蚀的情况中可证明。当然，这也就很难从其头骨中鉴定出有无"异香"产生了。

三是墓中的猫眼石。

猫眼石，也叫"猫儿眼""猫睛""猫精"，是珠宝中稀有而名贵的品种。因为猫眼石十分名贵，所以不能随便使用。《钦定大清会典》有对清朝后妃衣饰的记载，规定只有皇太后、皇后、皇贵妃、贵妃、妃的朝冠上才可佩戴猫眼石。地宫里出土了猫眼石，证实死者生前的地位起码是"妃"等级。出土的朝服和猫眼石，不仅说明死者是以妃礼入葬的，而且和赏赐衣物及入葬年代的史料记载完全相符。这些与容妃的身份也恰好符合。

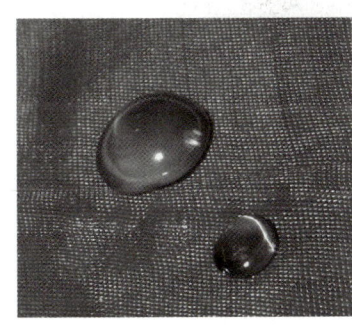

容妃地宫出土的猫眼石

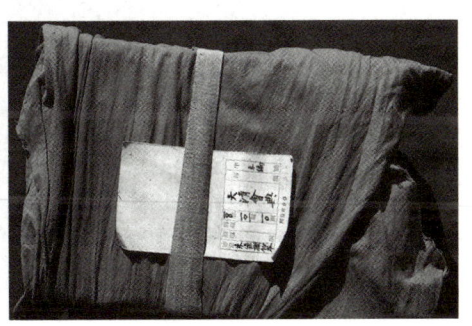

《钦定大清会典》包袱

四是墓中的丝织物。

地宫出土的织物的机头上织有"江宁织造臣成善""苏州织造臣四德"字样。通过查阅清宫档案得知，成善、四德都是乾隆五十三年（1788）的织造官，这说明死者的卒年不能早于这个日

江宁织造衙署图

清乾隆朝江宁织造的香黄地五彩云金龙纹妆花缎袍料

期。而容妃正是这时期在江南订制了一批衣物，又恰是在这一年死的，这与文献中记载的容妃死于乾隆五十三年（1788）是相符的。

五是发辫。

花白的发辫表明死者的年龄在五十岁以上，这与档案中记载容妃卒年是五十五岁的年龄正好吻合。

以上这些出土的实物，充分证明了容妃的民族是维吾尔族，信仰的是伊斯兰教，死时地位是妃等级，年龄是五十多岁，是在乾隆五十三年（1788）入葬的。

通过以上对地宫出土文物进行简要的分析考证，容妃的出生地、民族、宗教信仰等得到进一步确认，进一步证实了容妃确实葬在河北遵化清东陵的裕陵妃园寝。容妃墓地宫清理出的遗物也客观证明了这些史书记载是正确的。

容妃地宫珍宝

凡是盗墓者，大都是为了发财或因生活所迫才盗墓的。因此，凡盗墓者都是为了墓中的随葬贵重物品，绝对不会是出于考察地宫，更不是保护文物。盗掘容妃墓的盗匪也是这样的。这些匪徒究竟盗走了容妃地宫中的哪些珍宝，由于没有捉拿到盗匪，所以不得而知。但是只要找到容妃死时棺内随葬品的档案，就可以知道盗匪都盗走了哪些物品。非常庆幸的是，在中国第一历史档案馆，我们找到了容妃的随葬品清单。

据档案记载，容妃棺内随葬下列物品：

容妃死后穿戴等物品清单　　杏黄色纱缀八团云龙女吉服袍

穿戴

大杏黄妆缎大褥一床

绿锦缎大褥一床

大红妆缎大褥一床

大红妆缎被一床

绣杏黄缎绵蟒袍一件

缂丝八团有水褂一件

桃红缎绵衬衣一件

安放

绣八团有水一套（有衬衣）

绣八团一套（有衬衣）

碧霞玡朝珠一盘（松石佛头塔、记念、坠角、背云）

玉如意一柄

表一个

容镜、手巾

水晶鼻烟壶一个

福寿金正面簪三块（每一块上缀东珠三颗、小红蓝宝石五块、红宝石二块、螺子一块）

金茶花一块（上缀六分重正珠一颗、正珠六颗，嵌金刚石）

金火焰簪一块（上缀一线六分重正珠一颗）

金如意吉庆平簪一块（上缀正珠、东珠四颗，红蓝小宝石十一块、大蓝宝石一块）

金荷叶扁豆蝈蝈簪一对（上缀正珠、东珠十八颗、红蓝宝石十四块）

金荷叶蜘蛛簪一对（上缀大小东珠十颗，大小红蓝宝石十八块）

金如意一支

金豆瓣簪四支

伽式正珠坠一副（连金火焰、正珠六颗重四钱）

但是，盗匪盗走的也不是上面记载的全部，因为那些丝织品入葬地宫已历一百多年，加之地宫内渗水的浸泡早已糟烂，盗匪是不会盗走那些糟烂的丝织品的。档案所载的物品，尚不包括金井里的镇墓物品。所以，以上物品，只是所盗珍宝的大概数。

地宫金井被遗忘

《汉唐地理书钞》说：古代有金人以杖撞地而成井，深不可测。金者，宝贵也，故有"金井"之称。

金井是陵寝地宫中不可缺少的重要部分。在民间传说中，皇家地宫金井既神秘又神奇。说它神秘，不仅是因它在地宫深处不易见到，封建统治者对它也格外保密，更多的是因盛传入葬后的棺椁放在金井之上，因金井能够沟通世间阴阳之气，尸体不但不腐烂，而且能使死者灵魂自由来往于阳世与阴世之间。说它神奇在于，金井里的水不仅清澈甘甜，是无根之水，更让人惊叹的是，不论是大雨连绵的夏季，还是百年不遇的大旱，金井里的水不升不降，总是那么多，那么平静。对于这样的说法，有人说是因为金井的位置点得好，不但有神灵镇着它、护着它，而且还有许多珍宝在里面护着它；也有人说因为金井是通向大海龙宫的海眼，龙王在里面看守地宫，所以水在任何时候也不会因溢出而浸泡到尸身；更有一些人认为金井里面的水能治百病，所以人们又把地宫中的金井称为"金眼吉井"。

金井真的那么神秘、神奇吗？实际上并非如此。清朝陵寝的金井也叫"金井透眼"或"穴中"。从明清两代帝王陵寝发掘资料来看，在棺床正中央的位置，有一个圆形通地脉的深孔，这便

崇陵地宫金井兽盖头

是颇具神秘色彩的"金井"。

金井虽然名之为"井",实际上却是一个直径十四厘米左右、高度一米左右的竖向圆孔,孔内无水。金井井口上有两种盖,一种叫"穴眼盖"或"金井盖",另一种叫"穴眼浮盖"或"金井浮盖"。

金井不仅是地宫的核心,也是决定整座陵寝平面布局和各单体建筑水平高低的尺度。所以,在营建陵寝时,首先要确定金井的位置,即"点穴"。动工之前,先在穴中处搭起一座罩棚。破土时,在金井位置开一个大槽,在穴中心处留出一个土墩,土墩的土称"原山吉土"或"金井吉土",该土不能见日月星三光。取出少量原山吉土呈递给皇帝验看后,妥善保存在陵寝事务衙门。地宫建成后,大葬之前,要把一些珍奇宝物陆续放入金井内,以求镇墓、息壤。金井穴眼用浮盖覆罩,大葬时,将保存在陵寝事务衙门内

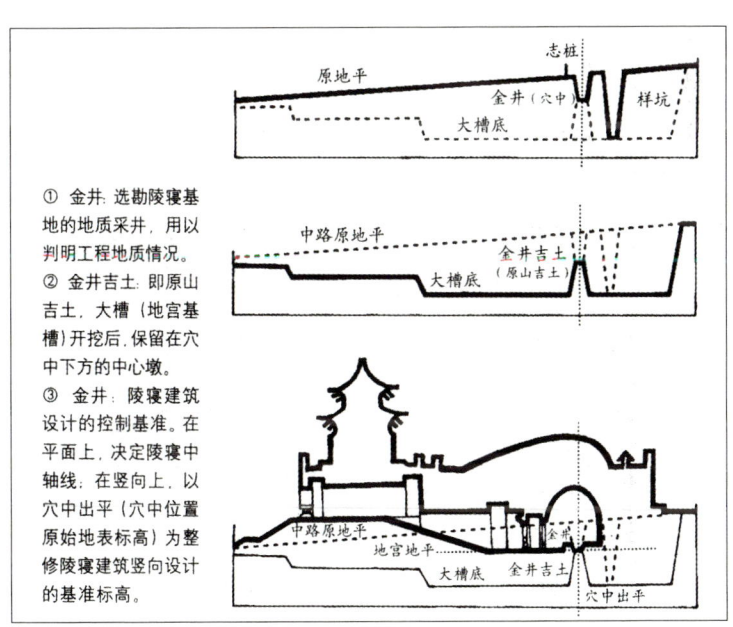

① 金井:选勘陵寝基地的地质采井,用以判明工程地质情况。
② 金井吉土:即原山吉土,大槽(地宫基槽)开挖后,保留在穴中下方的中心墩。
③ 金井:陵寝建筑设计的控制基准。在平面上,决定陵寝中轴线;在竖向上,以穴中出平(穴中位置原始地表标高)为整修陵寝建筑竖向设计的基准标高。

地宫金井位置示意图

的用黄绸包的原山吉土放入金井内,并撤去浮盖,然后安奉棺椁于金井之上。

原来金井就是风水家所点的"穴"位。穴便是营建陵墓和住宅的中心点,具体说来,"京都以朝殿为正穴,州郡以公厅为正穴";"寻龙容易点穴难"(《葬经》),穴是风水家最重视的。堪舆家察牧堂说:"定穴必以浅深为准的,当浅而深,则气从上过;当深而浅,则气从下过。"这是说应找出有利于保护棺椁的土层。实际上,风水家在点穴之后,均要进行坑探以判明土层地质真实情况,如不合适,则要前后左右移位,问题严重者则弃之不用。

清朝帝王和历代帝王一样,认为陵寝是"关乎天运之发祥"的头等大事,如果能选择到一块上吉佳壤,可以"垂宝祚于无疆,绵福祉于有永"。而金井位置的确定又是其中关键一环。金井位置定得合不合宜,能决定陵寝工程的成败。道光帝最初在遵化东陵的宝华峪建的陵寝,因穴位点得过于靠后,接近后宝山,以致所有建筑都靠后,地宫槽中开出山石,挖出山泉,最终导致拆毁全陵。在风水理论中,有"三年求地,十年定穴"的说法,虽然有些夸张,但也足以说明点穴的重要。

《清史稿》中记载有顺治帝为自己的陵址亲定穴位之事:康熙二年,相度遵化丰台山建世祖陵,曰"孝陵"。先是世祖校猎于此,停辔四顾曰:"此山王气葱郁,可为朕寿宫",因自取佩鞢掷之,谕侍臣曰:"鞢落处定为穴。"至是陵成,皆惊为吉壤。

民间还传有乾隆帝秘密为自己陵址定穴位的故事:相传,乾隆帝曾亲自带着几名亲信来到胜水峪,只见那里蒿草丛生,野花怒放，紫气蒸腾，一派天赐的自然美丽风光。乾隆皇帝在这里逗留了很久，最后，他从怀里取出一支扳指，择最吉处，小心翼翼地埋入了地下，这个穴位便是后来乾隆裕陵金券内的金井位置。

金井里放入原山吉土，是源于人类来于自然，死后亦回归自然的观念，皇天后土是人类生死存亡的栖息之处。只有生死与自然融为一体，生者与死者的灵魂才能对话，人的生生死死才能久兴不衰、长存世代……这种似是非是、似通非通的宗教思想，使得历代皇陵在修建之后，总是把少量的原山吉土放入地宫金井之中。金井、土地、灵魂，三点一线，血肉相连，息息相通，这种融宗教与文化于一体的神秘风俗，千百年来，备受历代封建帝王的重视。

据天津大学王其亨教授研究，由于严格的等级制度，清朝陵寝地宫里的穴孔，只有皇帝陵的和皇后陵的才能称"金井"，井里的土称"原山吉土"；妃园寝的只能称"气眼"，里面的土只能称"气土"。其实叫"金井"也好，称"气眼"也罢，只是因级别不同而名称不同，但实际作用是一样的。从已经发掘的明定陵地宫来看，不仅后殿（相当于清陵的金券）有金井，在东西配殿的棺床上也各有一个金井，金井井口呈方形。清朝陵寝，嫔及嫔以上等级的墓，均是一座地宫一个金井，有几座地宫，就有几个金井。这一点在妃园寝中体现得最为明显。纯惠皇贵妃墓地宫只有纯惠皇贵妃棺椁下有一个气眼，那拉皇后作为配角，棺椁下面没有气眼。而容妃墓地宫则有一个气眼。

由此可见，金井是地宫的重要组成部分。可是令人遗憾的是，在清理容妃墓地宫时竟忘记对气眼进行考察和清理了。笔者对此有些不相信，于是查看了当时清理容妃墓地宫的有关记录，记录中没有气眼方面的记载。又询问了当时清理过地宫的老前辈，只是说棺椁东西方向横放。按常规，容妃棺椁应南北向放置，这只能说明棺椁被移动了方向，并未说露出金井。容妃墓地宫气眼当时未被清理，是未发现还是忽略了？唯一的解释是，清理地宫时，气眼还在棺椁下面，是否被盗不得而知。

地宫金井内安放镇墓避邪宝物并不是主观臆断和凭空想象，更不是空穴来风，而是有根据的。中国第一历史档案馆的清宫档案《菩陀峪金井安放账》《大行太皇太后升遐记事档》均有对慈禧陵地宫金井内安放宝物的记载。

1928年，国民革命军第六军团十二军军长孙殿英从7月4日至7月10日，利用七天七夜的时间，盗掘了裕陵地宫和慈禧陵地宫，掠走了大量珍宝。看一位曾经参与盗掘慈禧地宫的匪军连长的回忆：

> 鄙奉令掘西太后陵，当时将棺盖揭开……棺中珠宝尽，再索墓中各处殉葬之物。棺底掀转，现一石洞，中储珍宝亦尽取之。搜毕，由孙殿英分配，兵士皆有所得。贵重大件，用大车装走。

1980年6月，清西陵文物管理处在清理光绪帝崇陵地宫时，从地宫金井里清理出二十多件珍宝，并且这些随葬品大多是清宫档案记载中所没有的，也就是说地宫金井内不仅有随葬品，而且实际要比档案上记载的还要多。

笔者经过调查和翻看清东陵清理地宫这方面的记录后发现，不仅容妃墓地宫金井没有清理的记载，就是裕陵地宫、慈禧陵地宫、纯惠皇贵妃墓地宫的金井同样没有清理的记载。地宫中最神秘的金井在清东陵清理地宫史上没有被记载，是空白的，这多少给清朝陵寝的研究留下了一点遗憾。

第五章
深入研究的成果

为了彻底揭开"香妃"之谜，人们将容妃的头骨送到北京去鉴定，取得了令人满意的结果。在考古与清宫档案相结合的情况下，研究人员及时发布相关的清理和研究报告，最终正式揭开了"香妃"之谜。但研究并未因此终止，关于容妃，仍有难解之谜。

去北京鉴定头骨

容妃头骨的发现，为史学界研究容妃是否为新疆维吾尔族人打开了一扇大门。头骨是考证墓主人民族属性的可靠实物，它是搞清容妃与香妃关系的直接证据之一。容妃头骨的鉴定，作为一项重要任务摆在了人们面前。

"带头骨去北京找专家鉴定！"清东陵文物保管所领导做出果断决定，派徐广源和于善浦到北京寻访专家，鉴定容妃头骨。

徐广源先生不仅搞陵寝研究，还兼任文物保管员，工作认真负责细致，头骨在他手里，所领导才放心，派他去北京鉴定头骨也是最好的人选。由此看来，徐广源不仅是找到容妃头骨的人，也是目前唯一抱着容妃头骨跑遍北京的人。

徐广源与于善浦奉领导之命,带着史学界同人的希望、所领导的重托,怀抱着容妃的头骨出发了。

当时进北京,只能坐长途公共汽车,道路又不好,这就需要对头骨进行很好的包装保护。徐广源找了很多绸布包了许多层后,才放进特制木盒中,又在木盒的空缝中塞满软纸,以减轻木盒对头骨的撞击。现在看来这种包装真是太简陋了,但在当时来说这已是最有效的保护方法了。时值冬季,徐广源在汽车上用大衣将木盒紧紧地裹住,抱在胸前,就这样头骨被安全地送到了北京。对此,徐广源多年后依然记忆犹新:

徐广源(右)与于善浦(中)、杜清林(左)1979年一起考察王爷陵

我怀抱着容妃的头骨，坐在颠簸晃动的汽车里，思绪不住地翻腾。我像一个淘金人抱着狗头金，不，我怀中的头骨比狗头金要贵重得多，意义更大得多，这颗头骨也许是证明容妃就是香妃最有力的证据。尽管车内冷得滴水成冰，我却没有感到寒冷，只觉得心在怦怦地跳，两腮和耳根热辣辣的。

那么多的史学工作者多少年对"香妃"的研究、梦幻和追求，今天终于要有结果了，而且是我亲自带着容妃的头骨去鉴定的。乾隆皇帝的"妃子"就抱在我怀中，实实在在地抱在我怀中，这也许就是传说的"香妃"，这是一件很有意义的事情……

到北京后，他们两人跑了许多科研单位，先后去了中央民族学院（现为中央民族大学）、北京大学、中国社会科学院民族研究所、中国社会科学院考古研究所、中国科学院古脊椎动物与古人类研究所等单位，但都因为种种原因，未能对容妃头骨进行鉴定。这对当时抱着一盆热火的徐广源和于善浦来说，无疑是被当头泼了凉水，其心情可想而知。最后两人只得怀着无奈的心情返回了清东陵。

后来，北京故宫博物院的朋友向清东陵推荐了河北师范学院和北京自然博物馆，于是徐广源再一次带着头骨进了北京。将容妃的头骨送到北京自然博物馆之后，才返回了清东陵。

时间过得很快，容妃的头骨在北京一住便是数个月。徐广源却是始终挂念着这件事，在他的努力下，容妃头骨在离开清东陵的"家"几个月后，终于又平安地回到了清东陵。

北京自然博物馆

容妃头骨在北京的那些日子里，北京自然博物馆人类研究室的时墨庄、张守祥两位专家及河北师范学院魏安赐老师对头骨进行了分析和考证。其中时墨庄先生撰文写道：

> 头骨色暗，颧弓及鼻骨部分缺失，上下颌骨上保留有牙齿五枚。从颅骨成长年龄观察，骨缝（包括矢状缝、冠状缝及人字缝等）大部已经骨化愈合，颊齿大部生前自然脱落，牙槽已经弥合，保留牙齿磨损度较深，齿质点外露，下颌体变低，下颌角角度增大，这些均表明颌骨代表一个接近老年期女性。这与史书记载容妃死年五十五岁（乾隆五十三年）是相符合的。
>
> 整个颅形为短圆、低阔颅形，顶面观为中后部稍宽的楔形，额部及顶部平缓，最大宽位两侧鳞缝处。无额中缝，眉

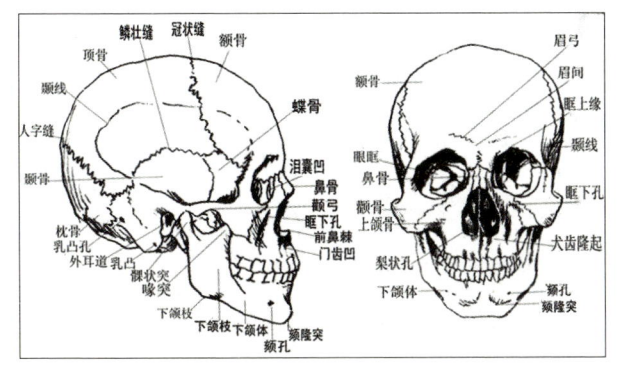

人头骨各部位名称图

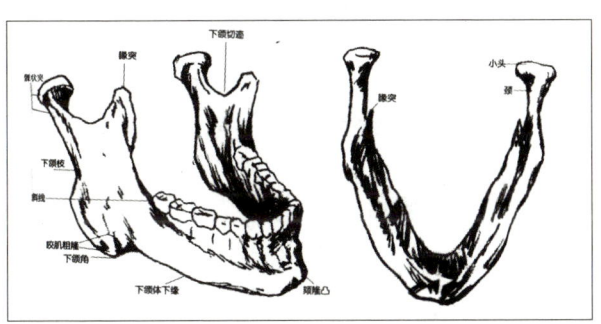

人头骨下颌骨各部位名称图

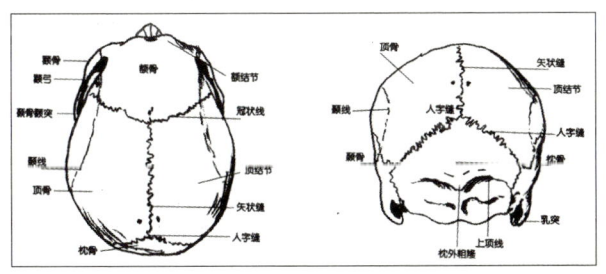

人头骨面部各部位名称图

弓稍显，位眶上缘延伸至眶中部。鼻根凹很浅，近似无。眼眶外口似正方形。上颌犬齿窝较显，深达梨状孔下缘，梨状孔下缘钝形，鼻前棘不显。颅顶中部平缓，靠近顶缝有两个单一的顶孔互相靠近；顶缝由前囟至人字，点由微波形至顶孔处已成锯齿形，人字缝段为复杂形。枕外隆凸中等，高与宽为1:3。乳突及盂后突均细小，表面光滑。翼区骨缝连接为顶蝶式。牙齿保留五枚，计有左上犬齿一、右下门牙二、右下犬齿一、左下犬齿一。门齿舌侧为平缓的铲形，齿冠顶宽下窄，侧观下宽而顶细窄。

下颌体两侧各有一个颏孔，位于下第二前白齿下方。

脑容量按照皮尔逊（K·Pearson）计算公式：

女性：颅长 × 颅宽 × 颅高 ×0.000156 ＋ 812 ＝ 1320.8 毫升

容妃头骨测量表

单位：mm（毫米）

测量项目	数据
头长（眉间点—颅后点）	173.0
头宽（颅骨两侧之间最宽径）	159.5
头高（颅底点—前囟点）	118.2
最小额宽（额骨两侧颞嵴间最近距离）	100.5
颧宽（两侧颧点之间的距离）（据可见部分）	129
上面高（鼻根点—上齿槽点）	68.1
面颅底长（枕大孔前缘点—上齿槽点）	95.6
鼻颅底长（枕大孔前缘点）	93.0
眶宽（上颌额点—眶外缘点）（左）	41.8
眶宽（上颌额点—眶外缘点）（右）	41.5
眶高（垂直眶宽最大径）（左）	39.2
眶高（垂直眶宽最大径）（右）	39.5
鼻高（鼻根点—鼻棘点）	55.1
鼻宽（梨状孔最大宽）	28.7
鼻骨最小宽（两侧鼻额颌缝间最小直线距离）	6.9
中面宽（两侧颧骨颌点间距离）	111.2
眶间宽（两侧上颌点之间距离）	25.5

制表 时墨庄

容妃头骨下颌骨

单位：mm（毫米）

下颌联合高（下齿槽点—颏下点）	22.6
下颌体颏孔处高	220.
下颌体颏孔处厚	20.3
下颌体长（颏突前缘—两侧下颌角连线中点）	81.0
下颌角间宽（两侧下颌角间距离）	106.5
各项指数	
头宽／长指数	92.15
头高／长指数	68.32
头高／宽指数	79.10
上面指数（上面高／颧高）	52.79
眶指数（眶高／眶宽）	93.78（左）
鼻指高（鼻宽／鼻高）	52.09
总面角(鼻根点到上齿槽点连线与眼耳平面交角)	87°

制表 时墨庄

从容妃整个颅形呈现的短、宽、低的特征来看，特别是没有隆起的矢状脊和短宽的头颅及面颊，均与我国西北的维吾尔族属性相符。

因此，专家们对容妃头骨的考证得出了以下三个结论：

1. 头骨代表一个少数民族的个体。

2. 头骨代表一个年逾五旬的老年。

3. 遗骨并无"异香"产生。

容妃的头颅骨在北京期间，专家们不仅对其进行了比较深入的考证，还对其进行了物理性保护，将头骨尽力修复，在颅腔内填充了头骨专用保护性材料。后来，专家们回访清东陵，根据

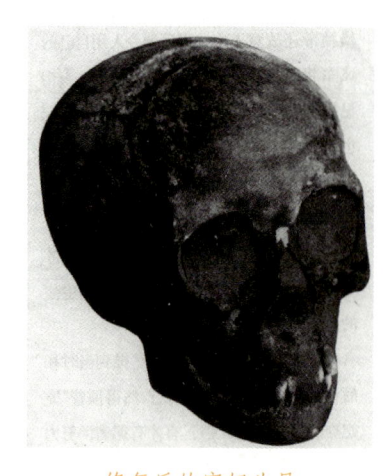

修复后的容妃头骨

地宫发现的遗骨,时墨庄先生推测:容妃生前的身高在理论上为一百六十三点七一厘米。

1983年4月,于善浦又将容妃墓中发现的花白发辫送进了北京,准备化验头发中的微量元素,以确定死者血型。在北京,容妃的发辫受到了中华人民共和国公安部第三局刑事科许浦博等人的重视。通过分析容妃发辫微量元素成分,得知容妃血型是O型,并于4月19日出具了《刑事科学技术鉴定书》。

由于容妃地宫未设"龙须沟",所以每到雨季地宫内会出现大量积水,虽经排放,但空气湿度很大,棺椁又破损严重,所以清东陵文物保管所在文物库房为容妃头骨安了一个新"家"。今天,容妃头骨沉睡在容妃地宫里的棺椁后面。

民间传说与清宫档案

通过清理容妃墓地宫和对头骨的鉴定,我们进一步确信容妃就是传说中的"香妃"。

不论是传说中的"香妃"还是官方的容妃,她们的一个最显著的特点就是都是新疆人,而新疆人的姓氏名称则有其自身特点。我们先来看看容妃的姓氏和容妃父亲的名字。

清朝官方史书中一般都说容妃姓"和卓"。"和卓"一词原

《皇清职贡图》之"伊犁等处台吉"

是对中亚、西亚地区以及我国新疆等伊斯兰教封建上层的尊称，有创教者后裔和宗教学者两种含义。《藩部要略》卷十六中有关于容妃家族称"和卓"的记载："有叶尔羌回人额色音者，号'额尔克和卓'，其始祖曰'派犹帕尔'，世为回部长，居叶尔羌，领其族。族统称'和卓'，犹蒙古族统称'台吉'也。"由于容妃家族中所有男子都号称"和卓"，所以当时档案中记载容妃也姓"和卓"。

容妃之父叫"和扎麦"。容妃的哥哥图尔都最初封爵是台吉。因为爵位一般都是世袭的，所以也就认为图尔都的父亲也是台吉。"和扎麦"并不是人名，而是一种称号。"和扎麦"就是

"和卓木",是"和卓"一词尾部加"木"而成的,意思是"我的和卓",表示更加亲切尊敬。

综合上面所说就可以知道,官方所说的容妃的确是新疆回族人。清宫档案《宫中杂件》中记载,容妃死后送人留纪念的遗物中有"回子朝衣二分"。这是因为清朝对回族与维吾尔族人并不能区分清楚,两民族之间的界别又不明确,而两民族又文字相同、习俗相同、信仰相同,所以当时维吾尔族人也被称为"回族"。又据现在常识,回族人大多数姓名与汉族相同,但维吾尔族人姓名与汉族明显不同,档案中记载的容妃之父、叔叔、堂兄、哥哥的姓名按现在的理解,明显具有维吾尔族姓氏特点。故此,现在的研究都称容妃为维吾尔族人。但在清朝时,回族与维吾尔族则是不分的,都被认为是回族。准确地说,容妃为维吾尔族人。

我们来分析一下"香妃身带利刃,皇太后赐死"这一说法。可能人会问:怎能让一个被俘女子藏刀进入宫禁森严的皇宫?至于太后赐死之说,那更是荒唐得很。皇太后即乾隆帝之生母、雍正帝的孝圣宪皇后,死于乾隆四十二年(1777),终年八十五岁,比容妃早过世十一年。不用说是皇太后赐死,就连皇后赐死也是不可能的,因为乾隆帝原配孝贤纯皇后死于乾隆十三年(1748)。乾隆帝的第二个皇后那拉氏死于乾隆三十一年(1766),以后"不复立皇后"。直到乾隆六十年(1795)立颙琰为皇太子,才将嘉庆帝生母——已过世二十年的令懿皇贵妃追赠为孝仪皇后。按照档案记载,容妃不但不是皇太后赐死的,反而是很受皇太后恩宠的。其入宫后,先后奉皇太后的懿旨，由刚进宫时的和贵人升为容嫔，又由嫔晋封为容妃。由于乾隆帝后期不再立皇后，到乾隆四十二年（1777）容妃在宫内妃嫔中地位已名列第三，在当时后宫已升到最高一级，侍奉她的太监和宫女就有二十四人。因此，容妃被皇太后赐死之说是不成立的。

乾隆帝生母钮祜禄氏半身像

传说香妃是回部反叛酋长的王妃，是宁死不失贞节的烈女。这个说法更是漏洞百出。清乾隆时期，新疆回部叛乱头子是忘恩负义的大、小和卓。据《钦定西域同文志》记载，容妃是新疆秉持回教始祖派噶木巴尔的后裔，世居叶尔羌，其族为和卓。《清史稿》《清皇室四谱》《清文献通考》等书都有称容妃为"和卓氏"的记载。根据《钦定西域同文志》《西域图志》和清宫档案《容妃遗物折》的记载可知，容妃的五叔是额色音公爵、六叔是帕尔萨、哥哥是图尔都；图尔都的维吾尔语音译为"图尔迪"。容妃父阿里和卓为回部台吉，第二十九世。乾隆二十年（1755）五月平定准噶尔时，解救了曾被囚禁的玛罕木特的两个儿子大、小和卓。容妃和大、小和卓同属于和卓家族，是同一高祖的本家、不同曾祖的分支，容妃与大、小和卓是远叔伯兄妹关系。后来，大、小和卓兄弟叛乱，企图分裂国家，不仅遭到了广大维吾尔族人民的坚决反对，也遭到了本族多数贵族及本家的反对。在清军平定叛乱时，容妃的家族五叔、六叔、堂兄等配合清军平定了大、小和卓等的叛乱，被召入京。乾隆二十四年（1759）九月，乾隆帝下旨说："除兆惠所奏现在送京之图尔都和卓外，仍将伊等家口送京。其玛木特之子巴巴和卓，兆惠等回京时亦即同来。"容妃是作为有功之人的家属进京的。她的家族曾帮助朝廷平息叛乱，所以朝廷特别恩待他们，让他们在京师做官，赏给房屋、物品。这表明容妃并不是叛乱者的妃子。

"香妃进宫时二十二岁，未婚，进京前提出三个条件，死后被葬新疆喀什。"针对这一说法，档案中记载，容妃进宫时间是乾隆二十五年（1760），当时已二十七虚岁，她在宫中生活了二十八年，于乾隆五十三年（1788）病死，时年五十五岁，按妃礼葬于清东陵裕陵妃园寝。在乾隆十七年（1752）至三十九年（1774）的宫中《赏赐底簿》里，乾隆二十五年（1760）以前历年赏赐的详细名单中没有"容妃"的记载。在乾隆二十五年（1760）二月三日《内务府·乾隆至嘉庆添减底档》上记载有"皇后下学规矩女子封和贵人"。这就是说，容妃在清宫档案中出现的时间为乾隆二十五年（1760），容妃在宫中就被认为是回族。这说明，"香妃故事"中所说的岁数是编造的，根本不存在。

"香妃故事"产生于清朝末年，当时正是帝国主义列强瓜分、压迫、分离清王朝的年代。帝国主义国家巴不得中国动乱，他们盼望中国各民族之间及民族内部出现分裂、叛乱，他们支持一小撮人在中国的民族分裂和动乱中夺权，以便他们从中获利。而在国内,袁世凯及某些别有用心的人,正和南方的革命党人孙中山争夺政权,分裂中国,指使其政客幕僚利用一切可以利用的"人、事、工具",不择手段地从中捣乱,使社会不安定,民族不团结。另外,国内的一些省份、地区,如新疆、西藏、蒙古和东北三省等,受帝国主义势力和反华组织的指使、怂恿和扶持,搞所谓的民族分离,在这种社会背景下,外蒙古被分离了出去。那时,还有一些无聊的文人墨客、破落书生及好事者,为了找口饭吃或整点事做,跟在别人的后面,一味地瞎搅,把香妃说成反叛国家、分裂民族团结的"贞节烈女、民族女英雄",在一定程度上充当了反动势力的帮凶。

也有人说历史上乾隆帝有两个维吾尔族女人,一个是正史中记载的容妃,另一个是民间传说中的香妃。要知道,清宫中的每一个后妃都有自己的档案记载,即使那些太监和宫女也都有属于自己简单的身份档案,作为后宫主位的"香妃"则更是有必不可少的记载。另外,清宫中的每一个人,宫女、太监和妃嫔们,都有独立的宫份和伙食标准,在节日和生辰之日都要得到皇帝的赏赐,这在清宫档案中都有明确的记载。如果后宫中多了一个女主位的话,那么就要多出一份开支,包括服侍人员的开支。遍查清宫档案,并没有发现有与容妃一样待遇标准的妃子,也没有发现

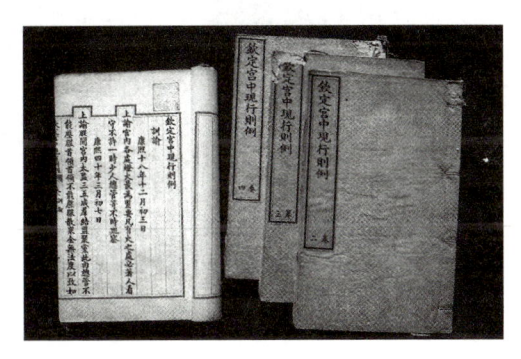

《钦定宫中现行则例》书影

进驻北京的回族贵族与传说中的"香妃"有任何亲戚往来等关系。再者,如果乾隆帝真有这位民间传说中的"香妃",他一定会在出行的时候带她到各地游玩。而事实上,乾隆帝在每次出行的时候所带的都是正史中记载的容妃。还有,1914年清东陵裕陵妃园寝的守墓者把容妃墓称为"香妃"墓,把其中的画像称为"香妃像",这表明,裕陵妃园寝的守墓者一直把乾隆帝的容妃称为"香妃"。从以上分析考证中,完全可以得出以下结论:

传说中的"香妃"就是乾隆帝的容妃。容妃及她的家族在历史上,为国家的统一、民族的团结做出了重要贡献。

至于容妃是否身体生香,现在已无法考证。不过,从现代人体生理知识推知,人体汗腺及皮脂腺的分泌物中和体内腑脏中确实存在某种气味,是不是一种香味,不敢确定。但是,在大千世

后妃所用的香水瓶

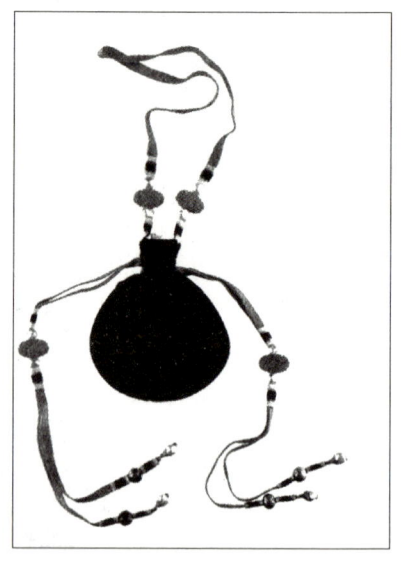

后妃使用的镶珠青缎荷包

界中，千奇百怪的事时有发生，并且确实有一些用现有生理知识无法解释的一些怪现象，所以，也不能完全排除容妃身上有散发一种令人喜爱的香味的可能。

当然，也许"香妃"这名字是人们对秀美女子表示亲昵的一种爱称，或是人们尊敬她为国家的统一、和睦做出贡献的一种尊称。

发布研究报告

容妃墓地宫的清理和容妃头骨的发现，给研究清朝陵寝和容妃带来了难得的机会和方便，同时也极大地推动了当地旅游工作，这自然使清东陵文物保管所的干部职工感到格外兴奋。但他们并没有沉浸在眼前的欢乐之中。接下来便是研究容妃、宣传容妃。于是，他们一方面加紧撰写有关容妃的研究性论文，以引起有关专家学者的关注，进一步扩大影响力，另一方面抓紧对这次清理容妃墓地宫工作做更多的宣传。为配合裕陵妃园寝对外开放，在裕陵妃园寝享殿举办了"香妃展"。当时，作为清东陵文物保管所研究人员的徐广源比任何人都要忙碌，为了研究容妃，他多次跑到北京故宫和中国第一档案馆，查找清宫档案，并先后在许多报纸、杂志上撰写关于容妃的研究文章。

1980年2月26日，徐广源在《光明日报》上以"清东陵文物保管所"的名义发表文章《考证香妃事迹实物的新发现》。

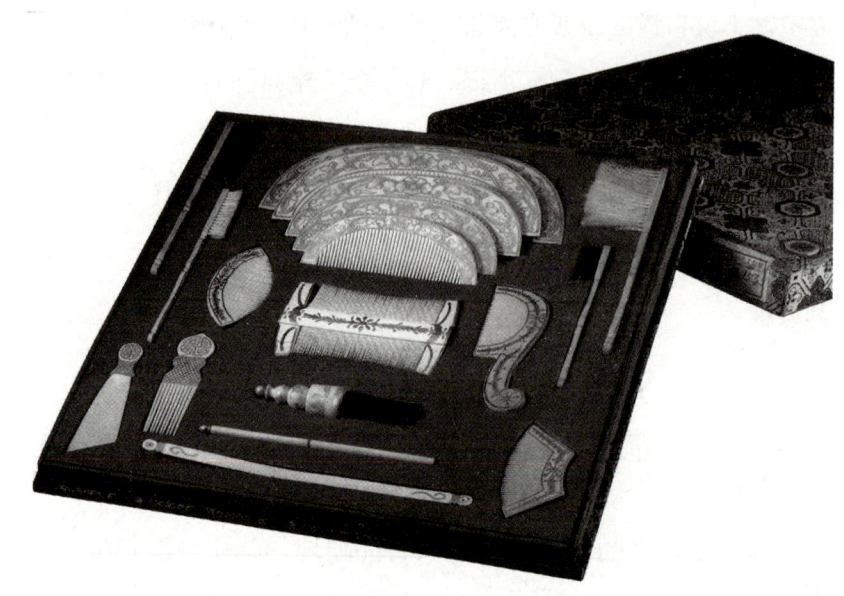

清朝后妃用的描金夔凤象牙梳具

考证香妃事迹实物的新发现
清东陵文物保管所

　　新疆喀什的"香妃"墓，建筑宏伟，遐迩闻名，但实际是附会；而河北清东陵的容妃墓，实即传说的"香妃"墓。容妃在乾隆皇帝的妃嫔中并非显赫人物，由于一些无聊文人舞文弄墨，把一个容妃写得神乎其神，在新中国成立前似乎成了清朝一大疑案。"香妃"就是乾隆皇帝的容妃，经过许多学者的考证，已成定论。但有关容妃的信仰、卒年和葬地等问题还在讨论中。最近由于自然和人为的破坏，容妃墓前的阶石塌陷，地宫露出，使我们有机会进入容妃地宫进行考察。容妃墓虽然几经匪徒盗掘，但地宫内残存的衣物、棺木、文字资料等，为考证容妃提供了难得的新证据。

容妃信奉伊斯兰教

《清史稿·后妃列传》记载："容妃，和卓氏，回部台吉和扎麦女。初入宫，号贵人，累进为妃。薨。"在其他一些著述中以及各种传说，都认为她是信仰伊斯兰教的维吾尔族女子。这次通过容妃地宫的实地考察，得到了确凿的证据。容妃棺木的正面和两侧，都有手书的阿拉伯文金字。由于地宫渗水，棺木长期浸泡，只有棺木正面还依稀看到几行文字。译成汉文，是伊斯兰教所信奉的经典《古兰经》的开头"以真主的名义……"。下面文字，缺笔较多，模糊不清。在清代，后、妃棺木上大都用梵文书写经咒，用以超度死者亡灵进入极乐世界，而容妃棺木上独特地书写着阿拉伯文《古兰经》，这就清楚地告诉我们，死者生前是信奉伊斯兰教的，这与文献记载和传说相吻合。

关于容妃是信奉伊斯兰教的回女，在历史档案中还可以得到进一步的证实。在容妃死后的大量遗物中，有两件回子朝衣（《宫中杂件》）。容妃入宫的前八年未穿戴过满洲朝服、朝冠、吉服。直到乾隆三十三年六月从嫔升为妃时才特地为她做了满洲朝服、朝冠、吉服（《内廷赏赐例》）。从目前我们所查到的容妃在宫中二十八年里所得到的赏赐饭菜看，尽属回民所食用的羊肉、鸡、鸭和素菜等菜肴。在乾隆三十六年容妃陪同乾隆皇帝到泰山、曲阜时，二月十五日、三月初八日、三月十四日、四月初四日这四天，皇帝赏给其他妃嫔的菜肴有"猪肉馅粘团""猪皮冻""猪肚"等，而赏给容妃的却是"春笋拌豆腐干""羊他他士""麻酥锅渣""豉豆粥""油炸果"等。乾隆四十三年，乾隆皇帝偕容妃及其他妃嫔出游盛京，有人把在围场打得的一只野猪、一只狍子进献给皇帝。皇帝分赏给颖妃、惇妃、顺妃、诚妃、循妃每位野猪肉一盘，而独赏容妃狍肉一盘。这说明，乾隆皇帝对她的宗教信仰、风俗习惯，确实十分尊重。

容妃死于乾隆五十三年

关于容妃的卒年，有的说是公元一七六三年，即乾隆二十八年；有的说是死于乾隆五十三年（一七八八年）。

根据我们所掌握的资料和对容妃墓的实地考察，认为容妃死于乾隆五十三年是可靠的。

《昌瑞山万年统志》和《陵寝易知》两部皇家书籍记载："容妃，四月十九日薨，乾隆五十三年九月二十五日奉安。"

《清皇室四谱》一书也清楚地记载着容妃"五十三年戊申四月十九日卒"。

在容妃墓中有两件妆花织物，机头上织有"江宁织造臣成善"的字样。另一件驼色八宝暗花缎，机头上织有"苏州织造臣四德"的字样。档案中记载，乾隆五十三年在江宁任织造的正是成善。四德在乾隆四十九年改任苏州织造。在四德任苏州织造期间，仅在乾隆五十三年他就向宫中呈奏事、活计成数、晴雨录等，近三十封。容妃墓中出土的这些织造物正是成善和四德在乾隆五十三年任江宁和苏州织造时进献给宫中的。

墓中还发现一条扎有辫绳的发辫，全长有八十五厘米，在细黄的发辫中杂有花白的头发。按容妃终年五十五岁，这条发辫与她死时的年龄也吻合的。

因此，我们认为容妃卒年为乾隆五十三年，确切无疑。

容妃葬在清东陵

容妃墓坐落在河北省清东陵的裕陵妃园寝（即纯惠皇贵妃园寝）内。这里安葬着乾隆皇帝的皇后一人、皇贵妃二人、贵妃五人、妃六人、嫔六人、贵人十二人、常在四人，共三十六人。除乌喇那拉氏皇后和纯惠皇贵妃葬在中间明楼后大宝顶内，其他妃嫔各自为券，三十四座小宝顶（坟头）分成前后五排，分布在院内。前第二排东面的一座宝顶就是容妃墓。

根据档案记载，容妃是按乾隆四十二年舒妃的丧礼安葬的。从乾隆五十三年到宣统三年容妃的神牌始终供奉在纯惠皇贵妃园寝享殿的东暖阁内，在颖贵妃名下，居第二位。东陵的陵寝官员们在一百二十三年的漫长岁月里，按时按节到容妃墓前焚香祭祀。这次在容妃墓中发现了头骨、骨骼、牙齿、指甲、发辫及棺木、衣物残片等，证实容妃就是葬在清东陵。

目前，裕陵妃园寝正在修葺，不久即将开放。四方的游人将会在这里看到容妃墓，将会听到有关容妃的许多传说。

此文章的发表，很快在国内清史学界引起了强烈反响和研讨之风。许多专家学者纷纷发表文章研讨容妃。学者纪大椿在《文物》上发表《"香妃"生父考立辨》的文章。专家肖之兴在《文物》上先后发表《香妃史料的新发现》和《根据故宫档案考香妃之父》两篇文章。当时"香妃"研究掀起了一阵不小的学术高潮。

真相只有一个

通过对容妃地宫的清理、学术界对容妃的论证以及清宫档案，可以确定容妃即"香妃"。现将一个真实的容妃介绍给大家。

容妃，生于雍正十二年九月十五日（1734年10月11日）。她是新疆秉持回教始祖派噶木巴尔的后裔，其家族为和卓，故

圆明园正大光明殿（铜版画）

称容妃为"和卓氏",也称"霍卓氏"。其父阿里和卓为回部台吉,第二十九世,哥哥是图尔都。容妃家族世代居住新疆的叶尔羌。

乾隆二十年(1755)五月,清政府派兵平定了新疆达瓦齐的叛乱,解救了玛罕木特的两个儿子波罗尼都(大和卓)、霍集占(小和卓)。可是这两个人不但不感恩戴德,反而以怨报德,于乾隆二十二年(1757)聚众叛乱,反对朝廷,分裂祖国。容妃一家反对叛乱,拥护朝廷,不顺从大、小和卓,被迫离乡背井,全家从天山以南的叶尔羌迁移到天山北侧的伊犁居住。乾隆帝派定边将军兆惠率兵平叛,容妃的五叔额色音、哥哥图尔都、堂兄玛木特等全力以赴配合清军作战,乾隆二十四年(1759)叛乱就被平定了。容妃的叔、兄等被宣召进京,额色音被封为辅国公,图尔都和玛木特被封为一等台吉。最初他们居住在关防衙门处。乾隆二十四年(1759),乾隆帝专为他们在西长安街修建了回子营,安顿他们居住。但这时,他们的家眷尚未到京。大约是在乾隆二十四年(1759)底,额色音等人家属随着兆惠一起来到北京,容妃是作为家属进入北京的。

乾隆二十五年(1760)正月十五日元宵节这一天,乾隆帝在圆明园正大光明殿

乾隆帝妃像

举行盛大筵宴，热情款待外藩诸部首领，容妃的五叔、哥哥、堂兄都应邀参加了宴会。在正月，清廷将这些人按照内务府旗鼓佐领建制编成一支回子佐领，归理藩院管辖，分别从事当兵、音乐、舞蹈、杂技表演、翻译、厨师等差事。为了感谢乾隆帝的恩德，表示永远效忠朝廷的决心，他们选择了良辰吉日，把图尔都美丽聪明的妹妹送进皇宫，服侍皇上。

清宫后妃用的描金带彩本边什锦梳具

乾隆朝刻本《南巡盛典》

乾隆二十五年（1760）二月初三日，图尔都的妹妹被封为和贵人，同时乾隆帝赏给了她大量衣物、首饰和珠宝。

她一进宫就被封为"贵人"，没有经历"常在"和"答应"两个等级，表明了乾隆帝对这件事的重视。同时也表明乾隆帝初见容妃就产生了好感，颇为宠爱。同年四月初八日，乾隆帝把宫中女子巴朗指配给图尔都为妻。因容妃是乾隆帝四十一位后妃中唯一的维吾尔族（当时称"回部"）人，信奉伊斯兰教，生活习惯与其他人不同，乾隆帝充分尊重她，在饮食、服装、居住、宗教信仰等各方面都给予特殊的关照。在宫中设有回族厨师，有位叫"努倪马特"的厨师在乾隆四十六年（1781）正月初五日，在斋宫平颢殿吃晚饭时，因为所做的"滴非雅则"（洋葱炒的菜）"谷伦杞"（抓饭）非常好吃，而得到了乾隆帝的奖赏。容妃居住在圆明园时，曾在园中方外观做礼拜，乾隆帝特为她在方外观大理石墙上刻了《古兰经》文。

清朝时画的《圆明园方外观》

《乾隆帝南巡图卷·视察黄河》之一

《乾隆帝南巡图卷·视察黄河》之二

和贵人入宫两年来,"秉心克慎,奉职惟勤",全宫上下对她印象很好。乾隆二十六年(1761)十二月三十日即大年"除夕"这一天,乾隆帝奉皇太后懿旨,晋封和贵人为容嫔。第二年,晋封图尔都为辅国公。乾隆三十年(1765)正月,乾隆帝第四次南巡,容嫔兄妹也随驾同行。一路上,他们兄妹第一次饱览了祖国的壮美山河,大开了眼界。

乾隆三十三年(1768)六月初五日,容嫔又被晋封为容妃。因容嫔进宫以来,一直穿着回族服装,没有满

石青缎彩绣云龙夹女朝褂

族朝服，所以在封妃前的六月初四日，专门行文为其制作了满族冠服。十月初六日举行容妃的册封礼。这一天，乾隆帝命文华殿大学士尹继善为正使、内阁学士迈拉逊为副使，持节册封容嫔和卓氏为容妃。三年后，容妃随乾隆帝东巡，拜谒了孔庙，登上了泰山。

乾隆四十三年（1778），容妃又陪驾到清朝的发祥地东北拜谒了盛京祖陵。在随行的六位妃嫔中，容妃已名列第二了。一路上容妃得到了乾隆帝赏赐的大量食品。容妃还多次随乾隆帝到承德避暑山庄。乾隆帝将在木兰围场秋狝时得到的猎物赏给随行的众妃嫔，赏给别的妃嫔的是野猪肉，而容妃得到的赏赐是烧鹿肉和狍子肉（鹿和狍子均为反刍动物，故信奉伊斯兰教的人可以食用），表明了乾隆帝随时都在注意容妃的宗教信仰和生活习惯。

自乾隆三十一年（1766）那拉皇后死后，乾隆帝不再立皇后。

后妃所用的餐桌

清宫火锅

自乾隆三十九年（1774）庆贵妃、乾隆四十年（1775）令懿皇贵妃去世后，乾隆帝也不再封贵妃和皇贵妃了，在这之后，后宫中最高的就是妃。当时宫中只有六名妃，而容妃就是六妃之一。在她每年过生日时，乾隆帝都赏赐珍宝、银两等。在平时对妃嫔赏赐时，容妃总比其他妃嫔优厚，而且得到的总是她最喜爱的果品，表明乾隆帝对她的偏爱。从乾隆四十三年（1778）七月后，容妃在众妃嫔中排座次时，已升为第二位。乾隆五十年（1785）以后，容妃得了不知名的慢性病，太医院的御医张肇基、张淳开的药丸是后妃常用药之一的平安丸。这以后，虽然她很少露面，但乾隆帝往往单独赏给她物品。

乾隆五十三年（1788）四月十四日，乾隆帝赏给了容妃十个春橘，这大概是她生前最后得到的一次赏赐。五天后，即四月十九日（5月24日），容妃在圆明园溘然长逝，终年五十五岁。其棺椁临时停放在京城西郊的西花园。

容妃得了什么病死的呢？

据《御药房人参底簿》记载，乾隆五十三年（1788）三月十五日，容妃合人参珠子散一料，用过五等人参一钱。二十四日，花映墀等请得，容妃娘娘合生肌珠子散，用珠子一钱五分。根据这两个药方记载，有医学专家分析后认为：容妃死前有可能患有某种痈疽疮疡大症，破溃后久不收口生肌，或因久病卧床致使生褥疮溃破之症。也许这是引发容妃病死的起因或病情加重的主因之一。

容妃一生未生育子女，而并不像某些人所说，容妃还生有一个女儿。乾隆帝为了让宫里的人经常怀念她，特地把她在宫中几

《木兰图卷·马技》

《木兰图卷·合围》

十年积存的物品分赠给各位妃嫔、公主、格格和她的娘家人以及太监、用人。

据记载，容妃的娘家人有：额色音及妻、托克托、喀申霍

后妃常备药品

卓及妻和两女、帕尔萨及妻和儿子巴克尔、容妃之姐、容妃之妹、图尔都妻，兵两人：阿克伯塔、哈丕尔，小孩：丕里敦、巴巴克，兵：巴哈尔等之妻三人。

容妃的金棺于乾隆五十三年（1788）四月二十七日从西花园

容妃遗物赏赐公主、格格等人清单　　容妃遗物赏赐太监、宫女等人清单

容妃死后，乾隆帝赏给容妃丹禅（娘家人）的物品清单

移到北京东北郊的静安庄殡宫暂安。从五月初四日起到初十日，六十个喇嘛为其念经七日。同年九月十七日，皇八子仪郡王永璇带领阿哥及许多大臣官员护送容妃金棺去往遵化的东陵。二十二日到达裕陵妃园寝，将金棺暂安在享殿内。二十五日，容妃金棺正式葬入了地宫。

容妃的丧礼是按照"妃"等级标准办理的。据记载，妃的丧礼事宜如下：

> 乾隆皇帝辍朝三日。大内以下，宗室以上，三日内咸素服，不祭神。妃宫中女子、内监，剪发截发辫，咸成服，二十七日除服，百日剃头。姻戚人等成服，二十七日而除，百日剃头。茶膳房人员男、妇成服，皆于大祭日除服，百日剃头。
>
> 妃初薨日，亲王以下，奉恩将军以上，民公侯伯以下，二品官、子以上，公主、福晋以下，县君、奉恩将军妻、一品夫人以上，齐集。奉移日祭日同。二周月内，日上食三次。百日内，日上食二次。均内府官及执事内管领下官员，男妇齐集。
>
> 妃金棺奉移殡宫，行初祭礼，用金银锭七万，楮钱七万，画缎千端，楮帛九千，馔筵二十一席，羊十有九，酒十有九尊，设彩仗，众齐集行礼。次日绎祭，金银锭楮钱各五千，馔筵五席，羊三，酒三尊，不设彩仗，执事内管领下官员男、妇齐集。大祭与初祭同。次日绎祭，与前绎祭同。周月致祭，用金银锭楮钱各一万，馔筵十有一席，羊五，酒五尊。二周月，三周月，百日致祭，及未葬期年致祭，羊酒

楮帛之数，皆与初周月同。清明设挂楮钱宝花一座，中元及冬至岁暮，用金银锭二千，楮钱一千，皆馔筵五席，羊一，酒一尊，执事内管领下官员，男、妇齐集。

妃金棺由殡处奉移妃园寝。豫期行奉移礼，用金银锭楮钱各一万五千，馔筵十有三席，羊五，酒五尊，设彩仗，众齐集。沿途住宿，奠馔筵一。至陵日，不值班之大小官员咸于十里外跪迎举哀，候过随行，奉安园寝芦殿。次日行奉安礼，陈设祭物与奉移同。送往大臣官员，暨在陵之大小官员等，及其妻，咸齐集。将入园寝，先一日行奉移礼，与前奉安礼同。至吉期安葬。

在乾隆帝的后妃中有一个维吾尔族女子并不奇怪，这正是清王朝对边疆少数民族实行"怀柔"政策的具体体现。我国是一个多民族国家，清政府为了加强统治，维护国家统一和民族的团结，对边疆少数民族一向采取"怀柔"政策，"和亲"是其中的一项重要手段。其用意是通过与各民族上层人物的联姻，获得各民族对清政府的支持，以维护国家的统一。乾隆帝纳图尔都之妹为皇妃，并给予优厚的待遇，就是想通过容妃家族在新疆的巨大影响，搞好民族团结，加强中央政府对新疆地区的管理和统治。从康熙到乾隆年间，新疆曾多次发生少数民族贵族叛乱，虽然都被镇压下去了，但总不彻底，时叛时顺，不能持久。乾隆帝把维护统一、反对分裂的新疆上层人物额色音、图尔都、玛木特等人召进京城，加官封爵，恩礼有加，并纳他们的女子为皇妃，同时还把宫女巴朗嫁给图尔都为妻，结成秦晋之好，这都是有其深刻用意的。自此以后，新疆的稳定局面保持了六十年之久，这不能不说是和亲政策发挥了作用。容妃作为这一政策的具体执行者，在皇宫中生活了二十八个春秋，深深赢得了皇帝的宠爱和信任，死后又葬入了皇家陵园——清东陵裕陵妃园寝。

容妃和她的家族为国家的统一、民族的团结做出了一定的贡献。那时候的女子实际上没有名字，只有姓氏，后来人们为了怀念她，给容妃起了一个维吾尔族名字——"买木热·艾孜木""贾姆丽孜木"，也有称她为"伊帕尔罕"的，其实这三个名字都是指乾隆帝的容妃。

容妃仍有未解之谜

容妃地宫的清理，为世人更好地了解香妃即容妃找到了权威证据，也为史学界研究容妃提供了可靠的实物资料，人们对容妃的情况有了基本的了解和认定，但关于她仍然存有一些谜团至今尚未解开。

第一，哈达之谜。

历来，哈达是蒙古和藏族人民作为礼仪用的丝织品，是社交活动中的必备品。哈达类似于古代汉族的礼帛，按照颜色可分为白色哈达、蓝色哈达和五彩哈达。有资料说，按藏地习俗，白色哈达分为三种：内库哈达、阿喜哈达和素喜哈达。内库哈达是出于皇家内库中的特定哈达，其质优、面宽而长，边沿织有吉祥图案，中为八瑞相图，上下为祥龙图案。蓝色哈达，在内蒙古大草原上，人们十分崇尚蓝色，因为蓝色是天空的色彩。五彩哈达，此哈达为高尚的礼物，每种颜色各有寓意，蓝色象征蓝天、白色象征白云、绿色象征河水、红色象征空行护法、黄色象征大地，这五彩哈达只是在特定的情况下应用。在

容妃墓出土的白色哈达的纹饰及奇特文字

蒙、藏地区，献哈达是一种既普遍又崇高的礼节。无论婚丧嫁娶、民俗节庆、拜会尊长、迎送宾客、朝觐佛像、音讯往来、求情办事以及新房竣工、认错请罪等都有献哈达的习惯。献哈达向对方表示纯洁、诚心、忠诚和尊敬的意思。

在地宫出土的织物中发现了哈达的残片。其中一条黄地暗花八宝花绫哈达最为精致，在哈达两端还织有奇特的文字，称为"吉祥颂"。以往人们认为，墓中发现的哈达，证明了死者的民族是少数民族。

目前，笔者对这种说法产生了疑问：按照哈达的种类来说，容妃地宫发现的哈达属于五彩哈达，然而按照等级来说，容妃地宫发现的哈达则应该属于内库哈达。那么，容妃地宫哈达名称是否应该叫"内库五彩哈达"？就容妃地宫发现哈达来说，敬献给容妃哈达则应该是出于对死者的沉痛哀悼和对死者家属的安慰。那么，是谁赠送容妃的哈达？是信仰藏传佛教的乾隆帝还是蒙古、西藏各部的酋长、活佛？可是在史书和档案中没有发现相关记载。目前，这一切还是一个不解之谜。

第二，文字之谜。

地宫出土的黄地暗花八宝花绫哈达残片上的花纹为折枝莲花，上面托一圆圈，圈中为八宝，八宝即佛前的轮、伞、螺、幢、花、瓶、鱼、结八种供品，藏文谓之"八吉祥像"。轮即法轮，是古印度传说中统治宇宙的转轮王手中的法宝，传说有此法宝，可以不用一兵一卒，就能征服一切敌人。大梵天和帝释天曾向佛祖释迦牟尼敬献金轮求法，故称"法轮"。佛说大法圆转，万劫不息，寓意誓不转退，伞即宝伞，也称"宝盖"，是古印度帝王所用的伞，如佛、菩萨、帝王等居于最高地位者才有资格享用佛说。张弛自如，曲覆众生，寓意慈荫众生。螺即法螺，是海螺中的稀世珍品，据称闻其声者不堕地狱，不转生畜生和恶鬼道。佛说具菩萨果，妙音吉祥可以召唤天神，幢即尊胜幢，呈圆柱形。它不能像伞那样可以曲张。尊胜幢原本是古代印度的军旗，后被佛教用来代表解脱烦恼，得到觉悟的象征。佛说遍覆三千，净一切药之可以庄严佛土，花即莲花，象征出淤泥而不染的高洁品德和如莲花开放的圆通智慧。佛说出五浊世，无所染着，象征清净无染，瓶即宝瓶，即聚宝瓶，象征财富源源不断。佛说福智圆满，具备无漏，象征甘露清凉。鱼即金鱼，象征自大与解脱，也象征慧眼。鱼行水中，畅通无阻。佛说坚固活泼，解除坏劫，寓意福德有余。结即盘长结，象征着代表有关宇宙的所有理论和哲学的《梵网经》。吉祥结原初的意义象征爱情和献身。佛说回环贯彻，一切通明，寓意吉祥如意。八宝由眼、耳、鼻、舌、身、意、心、藏所感悟显现，描绘成八种图案，作为佛教艺术的纹饰。至清乾隆年间又将它制成立体造型，常与寺庙中的供器一起陈设。八宝虽为佛前供品，因其寓意吉祥，所以在家具、器皿、服饰上也广为应用。哈达是宗教界向神敬奉的供品，它的意思是"是神的光辉，萦绕的祥云，是神的化身。它表示与神同在，幸福无边，吉祥如意"。而此哈达残片，花纹均向上，排列为轮、螺、幢、结、花、瓶、鱼、伞。织物至二米处，花纹方向倒转，花纹间距较大，其中尤以"瓶"为别致，很像少数民族的执壶。整个

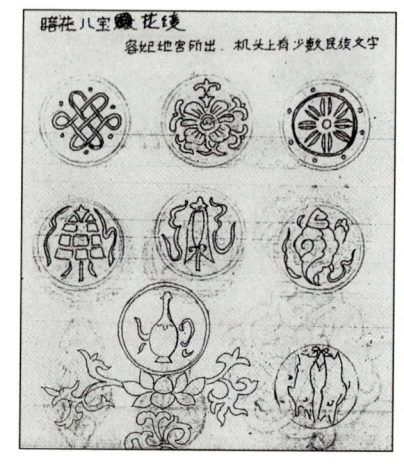

容妃地宫出土文物：暗花八宝花绫哈达残片上的图案

容妃地宫哈达上的文字

织物经纬都松，显得单薄。机头织有回纹花边，通幅织有奇特文字，可以说明专为少数民族所织。

历来古墓葬中出土的文字对考证墓葬历史都是极为宝贵的资料，而容妃墓中所出的花绫哈达上的文字，是什么文字？是什么内容？就这个问题，笔者曾请教许多专家、学者，他们也不认识。所以这是什么文字，至今尚未破解，此为一谜。

第三，有椁无棺之谜。

清理地宫时，容妃的棺床上只是一具空外椁，没有内棺。寻

遍地宫内的每一角落也没有发现内棺，甚至是内棺残片。难道是盗墓贼把内棺盗走了？通过分析，这种可能性几乎是零。无论是档案记载还是实物考证，清朝帝、后、妃嫔、皇子等人的棺椁都是有棺有椁的，并且棺和椁之间留有一定的空隙，意在以椁保护棺，从而更有效地保护尸体。从国内外发掘的帝王陵墓来看，棺椁的用料是不相同的，而层数也是有很大差异的。在埃及图坦卡芒法老陵墓的发掘中发现有石制的椁，椁里面还有两层黄金制成的棺。而在中国明朝时期帝后的梓宫，大多数是采用一棺一椁的形式。这在明朝十三陵的定陵明神宗朱翊钧墓葬中可以证实。清朝棺木皆一椁一棺，这在已清理的清朝五座帝、后、妃地宫得到了完全的证实。

容妃的棺木没有内棺只有外椁，是当时根本未用，还是被盗墓贼毁掉了？或者这些与容妃的民族宗教信仰有关？

2003年5月19日《人民政协报》上有一位署名"文刀"的人，他在《香妃与香妃墓》一文中写道：

> ……容妃的殓尸木匣（我们暂时称为"木匣"，因为木匣无底，有底则为棺，穆斯林去世后可用木匣，因为没底，就不失为土葬——入土为安）。木匣头上有用阿文写的"清真言"，据说墓道也有阿文《古兰经》篇章。可惜经过风化、剥蚀，这些文字现在已无法看出了。这样，从容妃的头骨、发辫可以鉴别出她是维吾尔族人，从殓尸木匣（不是有底的棺）及其《古兰经》文，可以断定她是穆斯林，我们就有充足的理由说：容妃就是香妃，香妃的金身墓葬在东陵。

据笔者所知，容妃的棺木是一具标准的清式葫芦材。其椁（被盗的洞口早在地宫开放之前就已修补好，现在仍能隐约看到修补过的痕迹）现在依然安放在地宫的棺床上。

据清宫档案知道：乾隆帝一向尊重容妃的民族习惯和宗教信仰。容妃入宫后，允许她穿本民族的服装，还专门给她配备了回回厨师。在赏赐妃嫔食物时，乾隆帝也总是照顾容妃的宗教信仰和民族习惯，从不赏给她伊斯兰教规定禁用的食品。所以由此可以推想，在容妃的饰终典礼上，乾隆帝也一定会尽量尊重其民族传统丧法和宗教信仰。

徐广源在《清皇陵地宫亲探记》中认为：乾隆帝在处理香妃的遗体时，很可能采取了一种折中方法，表面上仍按照大清皇家的丧葬制度办理，但在具体问题处理上，不用内棺而只用外椁。这样既维护了皇家的尊严，又尊重了香妃的民族习惯和宗教信仰，可谓两全其美。

真实情况如何，还有待清史档案的发现。

第四，出生地之谜

关于容妃的出生地也是众说纷纭，目前主要有四种说法。

1. 档案记载其家族世代居住在新疆的叶尔羌。

据记载，容妃家族世代居住叶尔羌，但没有进一步写容妃是否在那里出生，因此不能肯定但也不能否定容妃是否在那里出生。

2. 萧雄所写《西疆杂述诗》中称"香娘娘"为新疆的喀什噶尔人。

说容妃是新疆的喀什噶尔人，有些是道听途说之感，不可相信。因为萧雄是清军的幕僚，只是听别人这么说起，就把这种说法记录了下来，并没有经过他本人调查和其他人的考证。

3. 新疆伊犁。

据记载，容妃的父辈额色音等和卓是1713年被押往伊犁的，而容妃生于1734年。因此，伊犁有可能是容妃的出生地。

4. 新疆乌什。

对于容妃出生地是新疆乌什的这种说法，笔者认为还是有可能的。前文提到毛拉木沙·塞拉米在《伊米德史》中记载，南疆少女被送给皇帝后，因想念家乡及素有"金花银叶铁干干"之称的沙枣树而哭泣，于是皇帝下令将沙枣树移植京城。这个故事与乾隆三十年（1765）朝廷科派沙枣树徭役事件情节是基本吻合的。在历史上，还因为那一次唯一的科派沙枣树事件而引发了有名的新疆乌什人民抗清起义。

事件的背景是这样的：乌什起义是由于该城阿奇木伯克阿卜都拉及清派驻大臣素诚残暴压迫维吾尔群众引起的。阿卜都拉是哈密郡王玉素布弟，从清军平霍集占有功，受命为三品官职的南疆六大伯克之一的乌什阿奇木伯克。据《清史稿》记载，阿卜都拉性情残暴，对乌什人民经常鞭责凌辱，并且多方勒索财物。他还从哈密带来部分随从作为心腹，这些随从假借其势作威作福。清政府派驻乌什的办事大臣、副都统素诚，非但不能约束阿卜都拉及其随从的暴行，还与其他办事人员任意奸淫妇女、科派群众。乾隆三十年（1765）二月十四日，接受押送沙枣树任务的小伯克赖和木图拉因不知道发往地点，向阿卜都拉请示反遭毒打，并且素诚和阿卜都拉又派素诚之子看押赖和木图拉带人发送沙枣树及官吏行李。虽然赖和木图拉也为小伯克，但他不仅自己受素诚父子欺辱，就是他的妻子也曾受到奸污，于是当晚，他就带领发送沙枣树的二百四十名民夫向驻守乌什的清军发起进攻，占领仓库，烧毁衙署，迫使素诚父子自杀，擒获阿卜都拉。清政府驻阿克苏副都统卞塔海、喀什参赞大臣纳世通等闻讯纷纷率兵前来镇压。起义队伍恃险据守，与清军对峙达半年之久，于八月二十五日被清军击败。乌什起义沉重地打击了清政府在新疆南部的统治，迫使清政府采取一些改革措施以缓和矛盾。

乌什起义的导火索是科派沙枣树。这种沙枣树在新疆很是普遍，沙枣也算不上是乌什的特产，于是这里就有一系列的疑问：为什么要科派沙枣树而不是沙枣？为什么把这项政治任务交给乌什？既然是科派就应常年如此，为什么唯独沙枣树科派只有一次？当乾隆帝知道征发二百四十人送沙枣树时，为什么责怪当地官员使用民夫过多呢？但如果说在乌什科派沙枣树是因为那里是容妃的家乡，依旧有无法解释的地方，即为什么当乾隆帝知道乌什发生抗清事件时，乾隆帝还下令大肆屠杀乌什的百姓呢？难道他就没有考虑到这对容妃会是多么大的打击吗？由于无法合理解释上述的疑问，因此，容妃的出生地目前还是一个未解之谜。

入皇宫之谜

据现有档案记载推算，容妃进入皇宫的时间应在乾隆二十五年（1760）正月十五日至二月初三日之间。那年正月十五日，乾隆帝在圆明园正大光明殿设宴款待了外藩蒙古贵族等很多人，其中也包括容妃的五叔、哥哥、堂兄等人。按照原先公认的说法，容妃是被自己家族送入皇宫的。笔者对这一说法提出质疑：是为报皇恩浩荡送容妃进入皇宫还是乾隆帝为了笼络这些人，而令这些人送容妃入宫呢？

据笔者所知，清初皇帝是有选"出众女人"入宫这一习俗的。顺治元年六月初一日《清初内国史院满文档案译编》记载：

> 俄罗塞臣、巴都理获黑龙江出众女人三十名、女俘五十一名、短貂皮端罩一、散貂四百九十二、元狐一、红狐六、水獭六、猞猁狲皮端罩二、灰鼠皮端罩一、散灰鼠一千零一十五、白兔皮十六。
>
> 沙尔虎达获东省出众女人四十三、貂皮袄五、散貂一百八十五、貂及灰鼠浑皮袄七、狐皮端罩一、散狐二十七、水獭三十四、灰鼠四百三十。
>
> 合以上两处女人，其俊雅者被皇帝选取六名，又发给六家各两名。

那么，容妃是被乾隆帝选中进入皇宫还是被家族推荐进入皇宫的？目前还是一个未解之谜。

婚姻之谜

容妃进入皇宫时，已经是虚岁二十七岁，这个年龄不用说在早婚的封建年代，就是在提倡晚婚的今天也属晚婚年龄。容妃在入宫前到底结过婚没有？如果已经结过婚了，她曾嫁给过谁？在那个年代，如果二十七岁的女子还不结婚，那是难以想象的。

《清史论丛》2009年号版发表了一篇署名"艾哈迈特·霍加"的文章——《"香妃"的传说：大小和卓木政权灭亡后被迁居北京的维吾尔人的历史记忆》，文章中称：清朝时期的新疆维吾尔族女孩，大多数在十四五岁前就已经结婚。

作者在文章中对容妃的名字做了一番研究，据称，通过对满文档案的研究发现，容妃原名叫"Fatim"，是图尔都和卓之胞姐，是小和卓霍集占已离弃之妻"batma"，和卓与之结有世怨。霍集占娶此女居有间后弃置，出逃时付与他人看管。其满文档案译为汉文为：

译文：霍集占已离弃之妻"batma"，乃图尔都和卓之胞姐也。和卓与之结有世怨。霍集占娶此女居有间后弃置，出逃时付与他人看管。

乾隆二十四年九月二十九日

硃批

知道了。钦此。

又据乾隆二十五年（1760）正月二十九日的一道满文奏折记载，大、小和卓的家眷被押解抵京：

译文：自将军兆惠等处已遣众回人之首领 gerudei 等将二和

卓之叔父、妻子、孩子押送抵达。为此谨

奏请

旨。

乾隆二十五年正月二十九日奏

上谕：交内务府总管衙门。钦此。

当时第二批送到北京的这些维吾尔族人和卓家属人名单是：

大和卓波罗尼都之妻　　aila

波罗尼都已离弃之妻　　bahati

bahati 之父　　apis mahamedi

小和卓霍集占之妻　　batma

霍集占之族叔　　mosa hojo

mosa hojo 之妻　　asupiyoo

　子　memedemin　　其妻　taigas

　子　k'ater

　子　soltakarib

　女　nisa

mosa hojo 之弟媳　　arkai

　子　madi

　女　mamur

跟从照料这些人而来的女人为：batma kurbe barci cacin

以上共计十八名口。

对于维吾尔族家族之间是否有近亲结婚，该文作者也做以下解释：维吾尔族历史和维吾尔族风俗习惯与汉族观念不同。即维吾尔族宗教贵族实行家族内婚制，一般很少与家族之外人通婚，在维吾尔族观念中，血缘出了三代是可以通婚的。

乾隆帝为什么会娶这样的一个女子？作者在文章中则有这样的理解和解释：

> Fatim 作为小和卓木霍集占的妻子，既是已婚之人，又是清高宗敌人的妻子，她又怎么会被纳入宫中为妃呢？这则是因为满洲人的传统。前文，笔者已以清太宗娶蒙古察哈尔汗之妻窦土门福晋一事探讨了清代官修史书中对"香妃""失载"的可能性。而对此事还可以从另一个角度来理解：蒙古察哈尔汗也是清太宗的敌人，而且也败于清太宗。而清太宗纳其妻正体现了欧亚草原游牧、渔猎民族的一个传统，即皇帝将战败敌酋之妻——且是正妻——纳为己有来炫耀其胜利与武功，同时也是对战败者的羞辱（古今中外各类史书中不乏此等事例，此处不再赘引），并且那位女子往往还会十分受宠。而此处，清高宗将 Fatim 纳入宫中应该正是遵循的这一传统。

在文章的最后，该作者认为容妃与"香妃"是两个人。民间传说的"香妃"到北京后，因档案记载上的缺失又很快"失载"。

对于以上说法，笔者颇感不大理解，因此再次仔细核对以前其他满文档案的翻译，发现两者有一个共同点，即上文作者与之前研究者都认为图尔都与容妃和"香妃"有亲缘关系，学者认为图尔都是容妃的哥哥，而该文作者说图尔都是容妃的弟弟，在满文中"哥哥"与"弟弟"这两个词语的翻译是否一样呢？

按照文章作者所言，容妃就是小和卓霍集占的妻子"Fatim"，并非与图尔都和卓等一同进京。"Fatim"虽被遗弃，但为了拉拢新疆维吾尔贵族，乾隆帝还是遵照清初习俗将"Fatim"纳入后宫。按照这种说法，不但可以解释容妃进宫前是否婚配，还无形中与传说"香妃"是回部王妃这点符合了，重要的是还可以解释乾隆二十四年（1759）九月乾隆帝谕旨"除兆惠所奏现在送京之图尔都和卓外，仍将伊等家口送京"中的"仍将伊等家口送京"。这句话的意思是在兆惠回京之前，有两批人被送到北京，图尔都只是第一批人，在图尔都之外，还有一批人，这批人是"伊等家口"。"伊"被解释为"他"，但大多数解释为女性的"她"，这个"伊"是谁？如果是"他"，这个"他"就应是指"小和卓霍集占"而非图尔都；而如果是"她"则应是指容妃"Fatim"，无论是放在句子中还是对第二批到达北京之人为何全是"大小和卓"家族和家属都能解释。不管是"他"还是"她"，"伊等家口"都应是指第二批到北京的维吾尔族人。如果是"他"，第二批到北京的维吾尔族人中应该包括容妃；如果是"她"，第二批到北京的维吾尔族人中则不应该包括容妃。但该文作者认为，容妃即"Fatim"，是第二批到北京的维吾尔族人，且就是小和卓霍集占之妻"batma"。"Fatim"到北京之后不久就进入皇宫，后来成为档案记载中的容妃。然而，该文作者认为，容妃非"香妃"。其理由有两点：

一是容妃经历与传说中"香妃"的经历不甚相符，却与传说"香妃"是"霍集占之妻"惊人的相似。

二是第二批到北京的维吾尔族人中"有不止一位的大小和卓木的妻室被解至北京，送交内务府看管，且除'Fatim'外均不知所终"——这一事实之上，我们就有理由怀疑：除容妃之外，还另有一位真正的、传说中所描写的香妃存在。"

按照该文作者说言，"香妃"也有可能是大和卓波罗尼都两个妻子中的任何一个，或者其他人的妻子。但并未指明"香妃"是第二批人中的哪位。甚至也许只要是第二批人中的女性，均有可能是"香妃"。但未解释，被遗弃的'Fatim'为何就是第二批人中的小和卓霍集占之妻"batma"。

笔者认为，如果容妃的名字是该文作者说的"Fatim"，而在容妃之外还另有一个"香妃"，那么，根据已掌握的档案及该文作者提供的档案和民间传说"香妃故事"情节，"香妃"很可能是小和卓霍集占之妻 batma。也就是说，笔者认为，"Fatim"与"batma"不是同一个人，而是两人。理由如下：

一是没有发现记载证明"Fatim"与"batma"是同一个人。第二批到北京的维吾尔族人中，大和卓波罗尼都的两个妻子中有一个注明是被遗弃，有一个未注明，这说明未注明的是现任妻子；而小和卓霍集占之妻"batma"未注明是被遗弃，那就是说是现任妻子。因此判断，"Fatim"与"batma"不是同一个人，而是两人。

二是该文作者判断"香妃"不是容妃而是另有其人。但他忘记第二批到达北京的维吾尔族人中包括小和卓霍集占之妻"batma"。那么，按照他的理解就是，第二批到达北京的维吾尔族人除了小和卓霍集占之妻"batma"之外全部"失载"，"失载"

的人中包括"香妃",那么怎么解释小和卓霍集占之妻"batma"没有"失载"而就是容妃"Fatim"呢?

三是笔者认为,容妃就是第一批与哥哥图尔都一起到达北京的,所以才有乾隆帝的那道谕旨"除兆惠所奏现在送京之图尔都和卓外,仍将伊等家口送京"。谕旨中的"伊"就是女性的"她",指容妃"Fatim"。

综上所述,对于该文作者所言,由于笔者学识所限,满文档案知之甚少,不敢苟同在容妃之外还有一位"香妃"的存在,因为该作者所怀疑的根据之一是"猜测",猜测的理由是容妃经历没有与传说"香妃"情节百分百重合,传说中"香妃"版本那么多,哪个版本又是准确的呢?但又相信此人所引用档案的真实性,且第二批到北京的维吾尔族人确实未见档案中有所记载,因此不否定但也不肯定当时是否有两个维吾尔族女子作为战俘同时或一前一后进入皇宫的可能。

第六章
最后的考古

清东陵在清理完容妃地宫后不久,在未办理正式手续的情况下,又打开了裕陵妃园寝的主墓地宫,这引起了国家文物部门的重视。也因此揭开了历史上乾隆帝继后葬地之谜,以及清陵史上皇贵妃墓地宫的秘密。

又打开一座地宫

1982年1月的一天,中国国家文物局突然给河北省文物局下发了一份紧急文件:

国家文物事业管理局
今后未经正式批准,不得擅自发掘帝、后、妃陵的意见

河北省文物局:

我们接到清东陵文物保管所一九八二年一月八日《关于清理裕妃园寝的报告》,其中提到我局×局长、×副局长在去东陵时的汇报会上，同意清理裕妃园寝地宫问题，我们请问了他们，都不记得是否这样说过。我们意见，像这样的事，不能凭借个人口头同意，因为是否同意过，也难核证，就是口头同意的事，也应按《古遗址、古墓葬调查、发掘暂行管理办法》第五条规定正式报批。今后不经批准擅自发掘帝、后、妃陵的都要进行严肃处理。特此函请你局转告东西陵和有关单位。

国家文物事业管理局
1982 年 1 月 30 日

国家文物局为什么下发这样的文件呢？

原来，清东陵文物保管所（现在称"清东陵文物管理处"）将裕陵妃园寝中的纯惠皇贵妃地宫又打开了，并将清理地宫的情况上报，这引起了国家文物局的重视，认为清东陵文物保管所严重违反了《古遗址、古墓葬调查、发掘暂行管理办法》的管理规定，

裕陵妃园寝大门

故此特发上述文件的。

据查，清东陵文物保管所的那份清理报告是这样写的：

河北省文物局：

现将清理裕妃园寝地宫（主宝顶）的情况汇报如下：

一九八一年六月二日，国家文物局×局长、×局长，河北省文物局×局长以及地、县各级领导来清东陵检查工作。在汇报会上，我所负责同志在讲到一九八二年春开放裕妃园寝的问题时，根据各地宫都已被盗的情况，迫切要求清理地宫的问题。×局长、×局长当即表示同意。在到裕妃陵内实地察看时，×局长又说：既然这些地宫都已被盗，可以把各地宫都清理出来，用一条地道把各地宫都联（连）起来，供人游览。×局长又说，香妃问题涉及民族政策问题，香妃是当时民族团结的象征，裕妃陵开放时，要很好地宣传一下香妃的事情。无论在汇报会上，还是在实地视察时，×局长、×处长，唐山专署×专员、文办×主任，遵化县革委副主任赵××，文教局×副局长以及我所全体干部都在场。我们以为：国家文物局长们已经同意，省、地、县各级领导们又都在场，没有必要先写文字请示，待清理完后写一个汇报就可以了。在研究清理动员会上，张阿祥工程师也提出过应写一个文字请示报告问题。在场的干部们都说："国家文物局长们都批准了，省地县各级领导又都在场，就没啥必要了，即使写份请示，也不见得有这么全的领导都知道。"于是，确定了清理方案。

裕陵妃园寝方城前的砖礓磜

根据维修裕陵妃园寝其他宝顶的经验,地宫入口都在踏跺下面,所以,我们决定从明楼月台前的礓磜开挖。白天,我们先做了尝试,从礓磜上部贴着月台往下,挖下刚一米多深,就发现了墓道券洞口。一九八一年十二月二十日(笔者注:准确时间应为:一九八一年十一月三十日)

裕陵妃园寝纯惠皇贵妃地官西门扇下半部被盗了一个洞

当天晚上,我们集中了本所干部、会计、保管、司机、讲解员、伙房大师副(傅)等十几个人,全力奋战,顺着墓道往里挖。整个墓道都砌满了大砖,当挖到墓道尽头最后一层砖时,我们发现了当年盗陵匪徒使用过的方铁桶。把最后一层砖拆除掉时，地宫石门出现在眼前。我们采取了十分谨慎的方法。每前进一步，都事先认真拍照现场，以备作资料。这座地宫内葬二人，一个是乾隆帝的第二个皇后乌喇那拉氏，另一个是纯惠皇贵妃。地宫已被盗，原盗口在券的顶部，在墓道券与闪当砖券相接处，两扇石门虽依然关着，后面的自来石紧紧地顶着石门，但石门对缝的下部被凿开了一个宽二十三厘米，高四十厘米的洞口。我们先让两个人钻进门洞券内，移开自来石，把石门开出一条缝，让摄影人员先进去拍照，然后大家才进去。整个地宫地面都是半尺深的灰浆污泥，两具棺椁已残破不堪，木质都已糟朽，被拆散的棺木板横七竖八，到处都是，一个内棺已毁坏无存，另一个内棺尚完整，内有头骨二个，遗骨一堆。石门外东旁有泥灰一堆，为当年盗陵匪徒所为。我们仔细地清查了全部灰浆和污泥，仅找到一只残缺的金戒指，其他一无所获。

  我们抓紧对地宫进行了初步清理。每天从展览组和后勤组抽出四五个人来参加清理，掏净了泥、灰浆，抬出了碎破棺木，摆正了仅存的内棺和半个外棺。用了十几个工，恢复了礓磜，在象眼部位开了二个进出口。把从墓道中清出来的大量砖拉到了一九八二年春开工就需用砖的现场，一切工作于八二年元旦前全部结束。

  以上就是我们清理裕妃园寝主宝顶下地宫情况的汇报。

清东陵文物保管所

1982年1月8日

裕陵妃园寝纯惠皇贵妃地宫闪当券上的盗口

纯惠皇贵妃方城明楼前修建的台阶

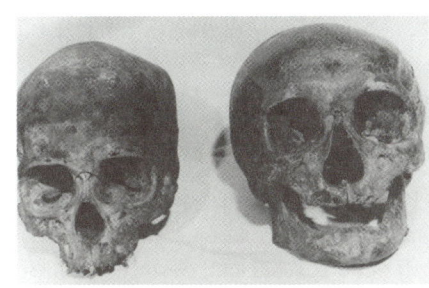
那拉皇后和纯惠皇贵妃头骨

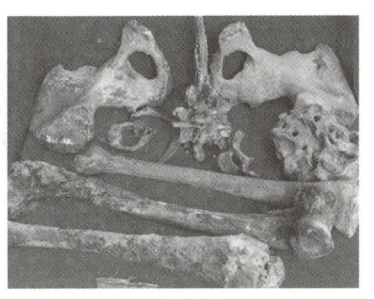
纯惠皇贵妃地宫发现的纯惠皇贵妃与那拉皇后的遗骨

裕陵妃园寝的主宝顶位于这座园寝后院前部的中心，宝顶前建有方城和单檐歇山顶的明楼，明楼内立石碑一统。宝顶周围环以宝城。其墓主人是乾隆帝的纯惠皇贵妃。

纯惠皇贵妃，原为"苏氏"，后改为"苏佳氏"，是苏召南的女儿，生于康熙五十二年（1713）五月二十一日，比乾隆帝弘历小两岁。乾隆帝即位前，她已入侍潜邸。乾隆帝即位后不久即被册封为纯嫔，乾隆二年（1737）册封为纯妃，乾隆十年（1745）又被册封为纯贵妃，至乾隆二十五年（1760）四月晋封为皇贵妃，同月十九日去世，享年四十八岁，赐谥号为"纯惠皇贵妃"，葬于妃园寝的主宝顶下面的地宫内，成为这座园寝内地位最高的主人，胜水峪妃衙

纯惠皇贵妃像

门也改名为"纯惠皇贵妃园寝"。这个名字一直用了三十七年，直到嘉庆四年（1799）乾隆帝入葬裕陵后，胜水峪万年吉地改名为"裕陵"，这座园寝才改名为"裕陵妃园寝"。

自雍正元年（1723）雍正帝将怡亲王允祥的生母敬敏皇贵妃葬入景陵，首创了皇贵妃祔葬皇帝陵的先例之后，雍正帝的泰陵和乾隆帝的裕陵先后效仿。纯惠皇贵妃死时，裕陵地宫内已葬入了三名皇贵妃。在纯惠皇贵妃死后十五年，令懿皇贵妃（后来的孝仪纯皇后）也葬入了裕陵地宫。都是皇贵妃，为什么纯惠皇贵妃不能祔葬裕陵而葬入妃园寝呢？

是裕陵地宫里没有空余棺位了吗？不是。裕陵地宫里共有七个棺位，除正中为乾隆帝的棺位外，其余六个均为后妃的棺位。纯惠皇贵妃死时，尚有两个空余后妃棺位。

是纯惠皇贵妃不受皇帝宠爱吗？也不是。纯惠皇贵妃早在雍正年间就嫁给了乾隆帝弘历。弘历即位后，封她为纯嫔，地位直线上升，到乾隆二十五年（1760）已晋升到皇贵妃。她为乾隆帝生了皇三子永璋、皇六子永瑢、皇四女和嘉公主。病逝后，乾隆帝不仅为她大办丧事、赐谥号，还为她在妃园寝内特地增建了方城、明楼、宝城、东西配殿，拆建了卡子墙。改建扩建工程历时两年之久，从而成为清朝规制最高的两座妃园寝之一。纯惠皇贵妃墓位于裕陵妃园寝内前排居中之位，地位最为尊贵，成为全园寝众妃之首。有清一代皇贵妃受此殊荣者，除抚育过乾隆帝有功的悫惠、惇怡两位皇贵妃外，只有纯惠皇贵妃一人。这一切都表明纯惠皇贵妃是乾隆帝宠爱的妃子。

那么，纯惠皇贵妃未能葬入裕陵究竟是什么原因呢？清廷编纂的官书中没有留下只言片语，浩如烟海的清宫档案中没有留下蛛丝马迹。笔者在多年的研究中逐渐悟出了其中的一些奥秘，找到了一个合理的解释：乾隆二十五年（1760）时，中宫皇后是那拉氏，皇位继承人尚未选定。一旦日后皇位继承人确定但其生母不是当时的皇后，而是其他的妃嫔，那么其生母必然要晋封为皇后。如果死在乾隆帝之前，必然要入葬裕陵（后来的事实果然如此，皇十五子颙琰于乾隆三十八年被定为皇太子，其生母令懿皇贵妃葬入了裕陵，乾隆六十年九月追晋为皇后）。这样在裕陵地宫内必须要给当时的皇后和以后的皇储生母预留下两个空棺位，而当时恰恰只剩下两个空位了，所以才未将纯惠皇贵妃葬入裕陵而葬入了妃园寝。

正常情况下，妃园寝内无论入葬者地位怎么低下，也都是一个人一座地宫。可是在打开纯惠皇贵妃地宫后却发现地宫里葬了两个人。经考证，正中主位是纯惠皇贵妃，左（东）侧的是那拉皇后。这位皇后为什么不葬入裕陵而葬入了妃园寝呢？并且是与皇贵妃葬在同一个地宫里呢？

据查，那拉皇后是清朝唯一只有位号，没有谥号，死后不享受祭祀

裕陵妃园寝纯惠皇贵妃地宫

待遇的皇后。那么，那拉皇后为什么会遭到如此下场呢？要想解开这些疑问，有必要先了解一下她的身世。

那拉皇后，镶黄旗满洲，生于康熙五十七年（1718）二月初十日，比乾隆帝小七岁，是佐领讷尔布的女儿。她被选中秀女后，雍正帝将她赐给皇四子弘历当侧福晋。弘历即位后封她为娴妃。乾隆十年（1745）正月二十三日又封她为娴贵妃。乾隆十三年（1748）三月，孝贤纯皇后病逝，中宫之位空缺。七月，晋封娴贵妃为皇贵妃，摄六宫事，代行皇后职务。乾隆十五年（1750）八月初二日正式册立为皇后。

乾隆三十年（1765）正月，那拉皇后随驾南巡，至杭州。在闰二月十八日那天，乾隆帝突然派人将她由水路送回了皇宫。乾隆帝回京后，收回了这位皇后的四份册宝，即皇后一份、皇贵妃一份、娴贵妃一份、娴妃一份，裁减了她手下的用人，只留两名宫女。按清宫制度，只有最低下的答应才有两名宫女。那拉皇后实际上只存有皇后的虚名，被打入了冷宫。乾隆三十一年（1766）七月十四日，乾隆帝正在热河避暑山庄时，那拉皇后忧郁而死。

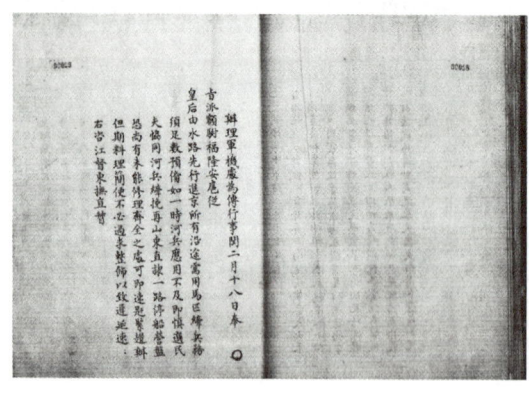
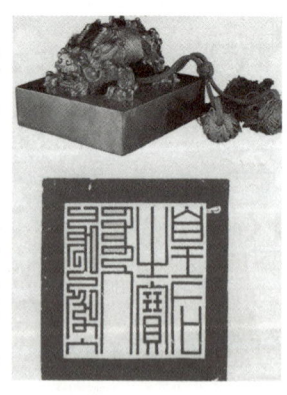

乾隆帝关于遣送那拉皇后先行回京的上谕　　皇后之宝及宝文

乾隆帝听到皇后的死讯后，并未回京，只打发那拉皇后所生之子十二阿哥永璂回京料理丧事。

乾隆帝为什么会如此对待那拉皇后呢？其原因是这样的：乾隆四十三年（1778）九月，乾隆帝在斥责锦县生员金从善为那拉皇后鸣不平的谕旨中说："那拉氏本系朕青宫时皇考所赐之侧福晋，位次相当，遂奏闻圣母皇太

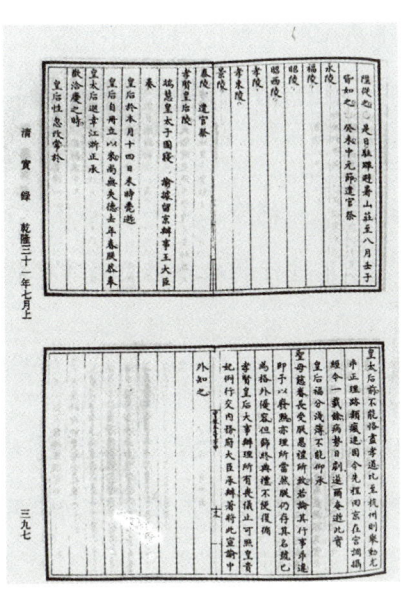

《高宗实录》中关于对待那拉皇后的记载

后，册为皇贵妃，摄六宫事。又越三年，乃册立为后。其后自获过愆，朕仍优容如故。乃至自行剪发，则国俗最忌者。而竟悍然不顾，然朕犹曲予包含，不行废斥。后因病薨逝，祇令减其仪文，并未降明旨消其位号。"从这道谕旨中才知道，原来那拉皇后在皇太后、皇上都健在的时候自行剪发。满族丧俗，只有在皇太后、皇帝驾崩时，皇后才能剪发。而这时皇太后和皇帝都健在皇后就剪发，无疑是在诅咒皇太后、皇上早死，乾隆帝岂能容忍？

那拉皇后为何要自行剪发呢？难道她不知道擅自剪发是触犯了国俗大忌吗？难道她不知道这样做的严重后果吗？她在皇宫中生活了三十多年，这一切她最清楚。既然都知道，为什么她还要剪发呢？其原因也是众说纷纭，没有定论。

表面上，乾隆帝虽然说是按皇贵妃礼为那拉皇后治丧，实际

上丧事的等级比皇贵妃礼低。

中国第一历史档案馆有一份关于那拉皇后丧事的档案：

乾隆三十一年七月十五日掌仪司奏为皇后薨逝事：所有用过什物钱粮数目清单贮内备查。

营造司成造金棺一分，领取杉木见方尺五十九尺七寸二分五厘；楠木匠六十六工，每工银一钱五分四厘，共银十两一钱六分四厘。成造八字墙二扇，领取杉木见方九尺七寸九分三厘；楠木匠二工，每工银一钱五分四厘，共银三钱八厘。成造板凳二条，领取杉木见方尺十一尺三寸七分七厘；楠木匠六工，每工银一钱五分四厘，共银九钱二分四厘。办买铺地面席五十领，每领银八分，共银四两。办买连二绳五斤三两，每斤银二分二厘五毫，共银一钱一分六厘。

运送金棺雇夫六十四名，每名银四分，共银二两五钱六分。

运送罩架等项什物共用夫一百八名，每名银六分，共银六两四钱八分。

拆安墙顶办买瓦片灰斤，共用银四两四钱七分三厘。

办买木柴三千斤，每千斤银二两八钱，共银八两四钱。

办买炭二百六十斤，每百斤银七钱二分，共银一两八钱七分二厘。

办买煤五百斤，每百斤银二钱八分，共银一两四钱。

雇觅杠夫三拨三百六十六名，给二日夫价银，共银九十七两三钱五分六厘。

饽饽桌十四张，每张价银二两，共银二十八两。

《乾隆帝南巡图卷·观戏场景》

羊七只,每只价银八钱,共银五两六钱。

以上通共用银二百零七两九分七厘。(《内务府奏案》159包)

不仅如此,乾隆帝不仅未将她葬入裕陵,而葬入妃园陵,没有单建地宫、宝顶,就连神牌也不设,不赐谥号,更不升祔太庙、奉先殿。在《清实录》《大清会典》等官书中也没有记载这位皇后的丧礼和葬地。东陵马兰镇总兵布兰泰、英廉主编、续编的《昌瑞山万年统志》中也未提到这位皇后葬地的一点信息。清陵学者徐广源先生最终在《陵寝易知》中发现了那拉皇后葬入了纯惠皇贵妃的地宫,位于纯惠皇贵妃的左侧。这就是说,那拉皇后死后,将已封闭四年的纯惠皇贵妃地宫重新打开，把那拉皇后的棺椁放了进去，但不给予任何祭祀和官方文字记载。

这次清理纯惠皇贵妃墓地宫，发现这位失宠皇后的葬地。这在清史和陵寝研究中是一个重大突破。

地宫：按女人等级营建

在封建社会，皇宫中众多的后妃是封建帝王后宫生活中的重要组成部分，随着封建制度的不断发展和完善，后妃制度也日趋完备，等级制度越来越森严。

皇帝的后宫到底有多少后妃，历来没有十分准确的数字记载。所谓"三宫六院七十二妃嫔"，是一个流传在民间的笼统的说法，

裕陵妃园寝神牌排列次序图

并非准确数字。清朝的后妃制度是随着封建专制制度的确立和发展而逐步形成与完善的。

清太祖努尔哈赤时期,还没有建立后妃制度,后妃人数随意性很强,后妃的名称也只是沿袭满族多年来的习俗,正妻称"福晋",妾称"侧福晋""小福晋"。天聪初年(1627),清太宗皇太极为了区别诸多福晋的名号,用福晋的住所来确定福晋的名号,有中宫大福晋、西宫福晋、东宫福晋等。天聪十年(1636),皇太极登极做了皇帝,改"大金"为"大清",改年号"天聪"为"崇德"。这时候,皇太极建立了五宫,才有了"皇后"和"妃"的称谓,并册立了清朝历史上第一位皇后——孝端文皇后,即原先的中宫大福晋博尔济吉特氏,另外还册封了东宫(关雎宫)的宸妃、西宫(麟趾宫)的贵妃、次东宫(衍庆宫)的淑妃、次西

裕陵妃园寝享殿内神龛石座

那拉皇后棺椁（右）和纯惠皇贵妃内棺

宫（永福宫）的庄妃。"五宫并建，位号既明，等威渐辨"，这就是清朝后妃制度的雏形。

清入关定都北京后，这一时期的清朝后妃制度可以在顺治帝的后妃陵寝中找到佐证。顺治帝的孝东陵中葬有皇后一、妃七、福晋四、格格十七。孝东陵的"格格"，指的是顺治帝的低级小妾，不是我们一般认为的皇家的女儿。"福晋"，清早期称"福金"，到了乾隆年间才改称"福晋"，意思是一样的，只是将"金"换成了"晋"而已。孝东陵里葬的四位福晋也是顺治帝的较低级的妾，但地位要高于格格。

康熙年间，清朝后妃制度开始完善，在后妃的位号和数量上有了具体的规定：在同一时期，只能有一位皇后、一位皇贵妃、二位贵妃、四位妃、六位嫔，贵人、常在、答应的数量没有具体规定。

皇帝祖母称"太皇太后",母亲称"皇太后",居住在慈宁宫、宁寿宫等处。上代皇帝的妃嫔被称为"太妃""太嫔",随皇太后居住。当朝皇后居住中宫,皇贵妃、贵妃、妃、嫔、贵人、常在、答应等分别居住东、西十二宫。其中东六宫是景仁宫、承乾宫、钟粹宫、延禧宫、永和宫和景阳宫,西六宫是永寿宫、翊坤宫、储秀宫、启祥宫、长春宫和咸福宫。

清朝的后妃有一个明显不同于其他朝代的地方,就是后妃的来源。清朝后妃的主要来源是选秀女。秀女分内务府属旗秀女和普通八旗秀女,选内务府属旗秀女,由内务府主持,每年一次。这些秀女一般入宫后当宫女。而由礼部主持所选的秀女,每三年一次。被选中的秀女或成为皇帝的妃嫔,或者成为皇子皇孙的福晋、侧福晋。

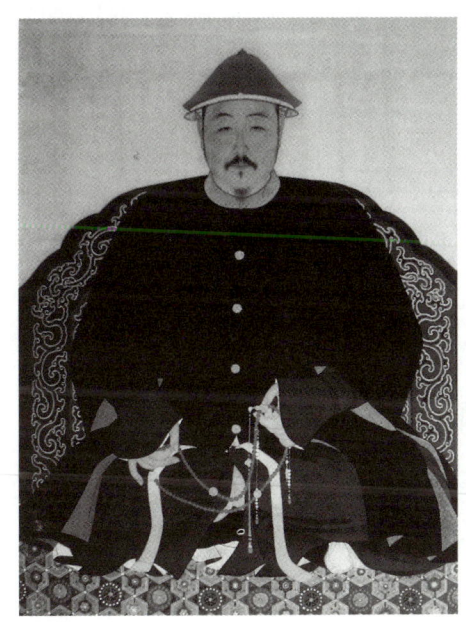

太宗皇太极像

年轻时的孝庄文皇后像

孝东陵方城明楼及小宝顶

这些被选中的秀女在得到不同封号之后,根据她们的地位在宫中享受不同的生活待遇;她们死后也是根据她们的生前地位而决定丧仪级别和坟墓的位置与规制。

在明朝陵寝中是没有皇后陵的,皇后无论是死在皇帝之前还是皇帝之后都葬入皇帝陵。而清朝陵寝则分帝陵、后陵和妃园寝三种类型。不仅地面建筑规制、装饰颜色有高低贵贱之分,而且地宫规格也有明显的差别,连称谓都不一样。帝、后的墓地入葬前称"万年吉地",入葬后称为"陵"。而妃嫔及其他皇室成员的墓地则称"福地""妃衙门",最后称"园寝"。

裕陵妃园寝中葬有皇后、皇贵妃、贵妃、妃、嫔、贵人和常在七个级别的人。

裕陵妃园寝地宫有四个类型,皇贵妃型、妃型、嫔型和常在型。

康熙帝朝服像

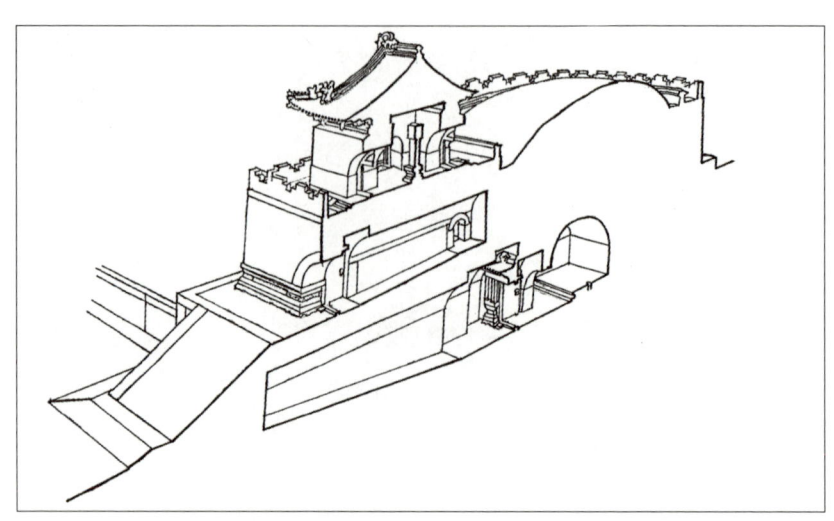

纯惠皇贵妃地宫透视图（绘图　王其亨）

皇贵妃型地宫： 纯惠皇贵妃地宫仅次于皇后型地宫，这座地宫与清西陵的昌西陵地宫和慕东陵的地宫规制相似，不一样的就是多了隧道券和闪当券。该地宫地面建筑是以皇后陵建筑制度为蓝本，建有方城、明楼、宝城、宝顶和朱砂碑等。只是尺度比皇后陵小些，明楼为单檐歇山顶，覆以绿色琉璃瓦（皇后陵明楼为重檐歇山顶、黄色琉璃瓦）。地宫内为六券一门，分别是隧道券、闪当券、罩门券、石门、门洞券、梓券和金券。隧道券的起点在方城月台前，棺椁入葬后，把隧道券入口砌成礓礤。除隧道券、闪当券和罩门券为砖券、地面铺砖外，其余各券全部为石券，以青白石铺地。石门门楼为单檐庑殿顶，门簪[①]、枋子、冰盘檐子、

[①] 门簪：穿连门额（门楣）与连檻的木构件，民宅多做两件，宫室以四件居多。其外形有如放大的圆钉，前端的簪面（俗称"门印"）紧贴于门额外侧，ормаль制成方、圆等几何图案，或是龙首、鲤鱼首等吉祥样式，簪身穿过门额及两檻，簪尾出头，以插梢卡住。

瓦垄是用一整块石料雕制的，大脊和两条戗脊①各用一块石料。戗脊上有三个小兽，分别为狮子、天马和海马，两侧门柱上部为马蹄柱，下部是须弥座，铜铸门管扇。门扇是用整块石料制成的，铺首为兽面仰月衔环，门环上各雕刻一幅二龙戏月的图案。金券内设有宝床（棺床），由大件青白石构成平面矩形，石床侧面雕成须弥座，其上放置两具棺椁，正中安放的是纯惠皇贵妃棺椁，左侧（东侧）安放的是那拉皇后的棺椁，棺椁南北两头各有一个长条卡棺石。地宫下未设龙须沟。

妃型地宫： 妃型地宫为石券。在四种地宫中，是属于级别较高的。名为妃型地宫，实际上皇贵妃、贵妃的地宫与它也大同小异，所以，通常葬入妃型地宫的有贵妃和妃，也有皇贵妃葬入妃型地宫的。清朝陵寝规制：营建陵寝时，根据当时妃嫔人数、地位高低安排位次，固定好位置后，开始施工。如某人死后地位晋升，位置一般不做更改。例如，庆恭皇贵妃在乾隆三十九年（1774）死时为庆贵妃。在嘉庆四年（1799）正月初四日，嘉庆帝以曾受其抚育，追晋她为庆恭皇贵妃，但并没有增添方城、明楼等建筑，而与忻贵妃、愉贵妃、循贵妃、豫妃、容妃并行排列在纯惠皇贵妃宝顶后面。再比如晋妃，在嘉庆年间还是一名贵人，道光帝即位后晋尊她为皇祖晋妃，道光二年（1822）死。裕陵妃园寝只剩下一个砖池，既没有因她是妃而改变葬位，也没有为晋妃增建石券地宫，只是把砖池改为石池而已。如果

---

① 戗脊：在有不同方向的承梁板的屋顶中，其两个斜屋面交接处所形成的外角。又称"岔脊"，是中国古代歇山顶建筑自垂脊下端至屋檐部分的屋脊，和垂脊成45°，对垂脊起支戗作用。

妃嫔健在时，地位发生了变化，则墓穴的位置有时会随着变化。

　　容妃地宫是标准的妃型地宫，地宫上部是一个矩形月台，月台上建宝顶，宝顶为夯筑。容妃地宫为四券一门，依次为罩门券、石门、门洞券、梓券和金券。罩门券是砖券，地面是砖墁。石门以内，地面和券座皆用青白石。石门的兽面衔环铺首与纯惠皇贵妃地宫石门基本相同。金券北半部安设青白石宝床（棺床），面

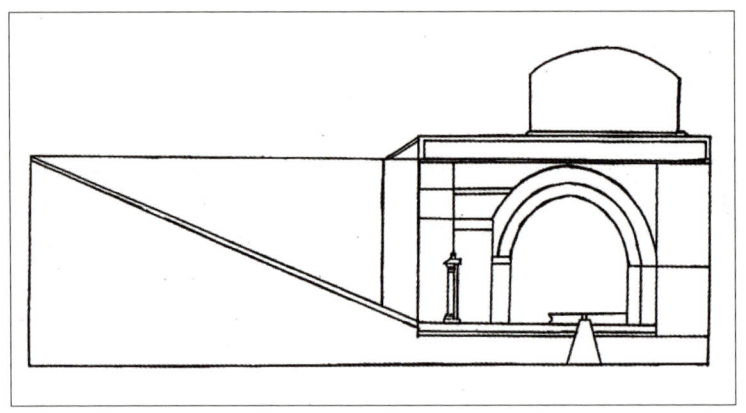

妃型地宫构造示意图（绘图　王其亨）

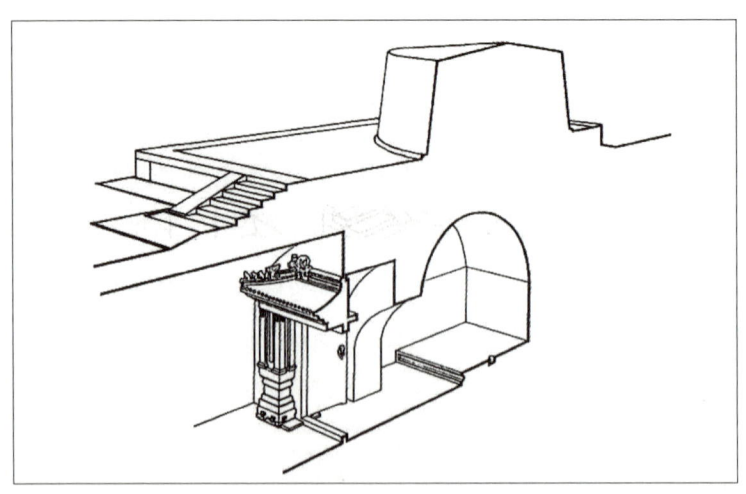

容妃地宫透视图（绘图　王其亨）

阔与金券面阔相同，石床侧面雕成须弥座。容妃棺椁的前后两头同样用卡棺石卡住。棺椁葬入地宫后，掩闭石门，封砌挡券砖墙，挡券墙外的坡面墓道全部用黄土填实封死。现在地宫入口改为水泥拱券并砌成踏跺，以便于游人参观。当年盗墓贼盗挖纯惠皇贵妃地宫时，是从方城隧道券尽头地面处往下挖掘，直接进入罩门券，凿开石门，劈棺盗宝的。

嫔型地宫： 嫔型地宫地面建筑与妃型差不多，同样建有月台、宝顶，但尺寸比妃型小些。嫔型地宫形制虽历经各朝，但规制变化不大，具有一致性。

嫔型地宫虽然很多，却没有开放的实例。从文献上也难以找到详细的记载，然而一个偶然的机会，使我们对嫔型地宫有了进一步了解。情况是这样的：1979年10月下旬，在清理裕陵妃园寝容妃墓地宫的时候，该园寝中的诚嫔墓也像容妃墓那样，在踏跺处塌陷出了一个大洞。

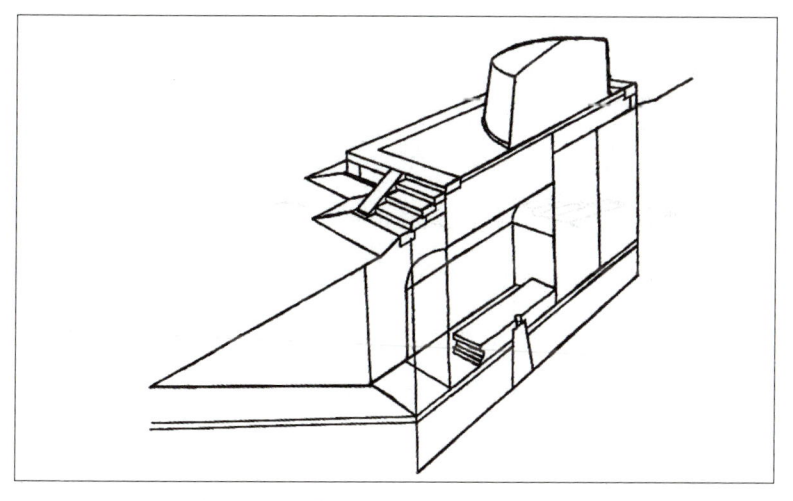

嫔型砖券地宫透视图（绘图　王其亨）

领导派徐广源和电工宁志存进入诚嫔地宫,有幸看到了地宫内的一些情况。据徐广源回忆:诚嫔地宫里都是水,把水抽出后,领导让我和电工宁志存到地宫里探视一下。诚嫔地宫与容妃地宫相比较,规模小了不少,是砖券,没有石门,有挡券墙,棺木倒放着,椁帮朝上,椁帮上有一个近似正方形的大洞,把里面的内棺也砍透了,从洞口看,明显是盗墓贼用利斧所砍。棺内都是水,水里飘浮着腐烂的丝织品和棉花,由于上级未让清理地宫,我们简单地看了看,把水管龙头拽上来后,就封闭了地宫入口。

贵人地宫与嫔型地宫相似,以景陵妃园寝尹贵人砖券为例。档案记载:由地面进入地宫,须由月台前隧道下斜向北,地宫内仅有一券,以新样城砖砍细砌为筒拱,轴向南北,券尽端封砌一堵月光墙,前端敞口面向隧道。券内墁地用砍细新样城砖,宝床用旧样城砖填实,左、右、前三面用砍细澄浆城砖做须弥座式,床面墁砌金砖。棺椁安奉于宝床正中气眼上方,两头各卡一块卡棺石。安葬事毕,券口用挡券砖掩闭地宫,挡券砖外隧道填平,上面盖一层黄土。地宫中未设龙须沟。

常在型地宫:常在型地宫是清朝陵寝地宫中规制最低的,制造简单,既无券也无隧道,只是一个用砖砌成的长方形池子,称之为"砖池",从这一名称上也表明这类地宫的形制特征。地面建筑形式与妃型、嫔型的差不多,也建有月台和宝顶,但规模很小,宝顶多为砖砌。月台和宝顶是在棺椁入葬后构筑的。建筑顺序是先掘地为竖穴,再用城砖砌成敞口向上的长方池,里口面阔五尺五寸,进深一丈五尺,深六尺三寸,前无隧道之设。安葬棺椁时只能自池口竖向落下,故也有称之为"天落池"或"天罗池"的。

砖池底部墁砖，不设棺床，也无龙须沟。葬入棺椁后，用一尺五寸厚、一丈一尺长的多块豆渣条石或石板盖住池口，称为"棚盖石"。随后砌二尺左右厚旧样城砖及随式城砖数层，然后再在上面筑灰土七寸，最后在上面构筑月台、宝顶，月台前砌垂带踏

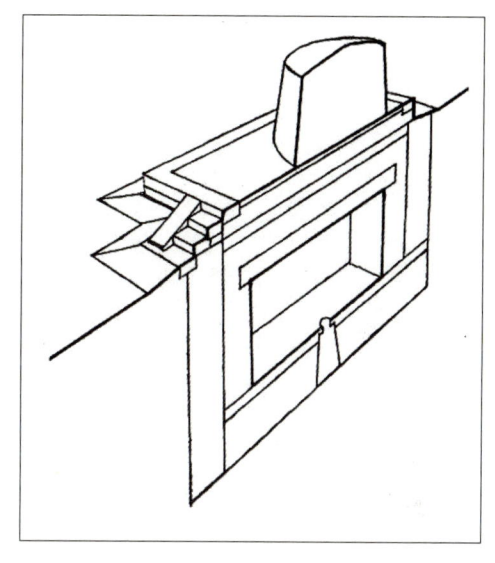

常在型地宫砖池横剖示意图（绘图　王其亨）

跺，四周墁散水，至此完成。有无气眼（金井）目前尚不清楚。

常在型地宫尚无开放实例。通过实际调查和清档案记载，了解了纯惠皇贵妃地宫和容妃地宫的规制，并因此为世人揭开了清朝这两种类型地宫的真相。

尾　章

  人们通过考古发现，裕陵妃园寝的这些地宫因为没有修建排水设施"龙须沟"，每到雨季，地宫里总有积水。道光帝的宝华峪陵寝地宫因未设"龙须沟"，地宫内的积水不能排出，导致全陵拆毁，搬到西陵重建。由于吸取了这一惨痛教训，所以道光朝以后无论是帝、后陵，还是妃园寝墓都设有"龙须沟"，从此地宫再也没有积水之事了，这在陵寝建筑史上是一个重大进步。

  清理容妃地宫以后，为了避免渗水再浸泡棺椁，和裕陵一样，人们也在地宫中打了渗水井，将地宫中的渗水及时排到外面。由于地宫的盗口是在宝顶前的台阶处，为了保护容妃墓的完整性，清理过程中人们将地宫的入口处选在了位于该宝顶月台的东西两侧各一，并在入口安装了轨道遮雨铁盖，在雨雪天气将地宫入口盖住，防止雨雪从入口处流入地宫。

为了排出容妃地宫内的积水在罩门券内挖的渗水井

裕陵妃园寝容妃地宫渗水井井口

容妃地宫入口

容妃地宫清理后，清东陵文物保管所向上级申请开放裕陵妃园寝。

河北省文化局作为一省的最高文物管理机构，对清东陵文物保管所的要求给予了批示：

唐山行署文化局：

关于清东陵裕陵容妃墓坍塌后能否维修开放和如何保护问题，经调查了解和研究，裕陵建筑残坏严重，尚未整修完整，加之裕陵前又盖了两排平房，把裕陵全部挡在后面，不仅破坏了文物风景的完整和面貌，而且也不利于参观游览，因此，目前单独开放该园寝条件尚不具备。

为了保护好容妃墓，先把盗洞口用水泥板盖住，石活归安好，保持原来面貌，待以后根据情况，能否开放，再进行研究确定。

1979 年 10 月 23 日

遵化县文教局接到这个的答复后，立刻转发给清东陵文物保管所。于是，清东陵文物保管所根据上级提出来的问题进行了一系列的整改，并再次提出开放地宫的要求。1982 年 12 月，清东陵接到了唐山地区文化局转发省文物局给遵化县文教局的文件。

遵化县文教局：

关于开放裕妃园寝的问题，近接省文物局便函通知，现将原文抄录如下。

唐山地区文化局：

经国家文物局批准，同意你局关于开放清东陵裕妃园寝意见。在开放中，希望注意古建筑的保护和游人安全。

河北省文物局
1982 年 5 月 18 日

请你们按省局意见办，并通知东陵文保所。

地区文化局
1982 年 11 月 15 日

遵化县文教局接到同意开放清东陵裕陵妃园寝的消息，自然也很高兴，立即将此消息转发给了清东陵文物保管所。

东陵文保所：

今将地区关于开放裕妃园寝的通知抄给你们，请你们（按）上级意见办。

1982年12月13日

清东陵裕陵妃园寝终于在上级单位的关注下，于1983年5月1日对游人开放了。裕陵妃园寝及容妃地宫的开放，在客观上为人们了解历史上真实的"香妃"提供了便利条件。

2000年1月15日，国际古迹遗址理事会秘书长让·路易·鲁迅（Mr Jean louis luxen）先生以联合国教科文组织考察专家的身份，在结束对明显陵、河北易县清西陵的考察后，在国家文物局领导、专家、河北省文物局领导的陪同下，来到了清东陵。

当时中国北方大部分地区下了一场大雪，清东陵银装素裹，分外妖娆，到处是一派银色世界，好像老天爷为来自欧罗巴的远方贵客，布置了一个黄瓦红墙白雪的迎客人间仙境。

上午10时左右，让·路易·鲁迅先生在国家文物局、中国教科文组织、河北省文物局的领导及特邀专家的陪同下来到石牌坊迎接现场，二百名身穿清式服装的女中学生以满族独有的舞蹈向远方贵客表达了热烈的欢迎。

在清东陵，让·路易·鲁迅先生愉快地说，"我主要的感觉是你们真是有一个太好的遗址了，清东陵的建筑保存得也比较好，它的规模非常的庞大……对你们所拥有的文化遗产不仅是你们祖先留下来的文化遗产,而且它也展示了自古以来你们中国的保存和表现的文化遗产","清东陵整个设计比清西陵更加让人振奋,这是一个非常奇特的具有世界价值的遗产……"让·路易·鲁迅先生先后考察了孝陵、孝东陵、裕陵、裕陵妃园寝、慈禧陵、慈安陵、景陵。在考察裕陵妃园寝容妃地宫时,让·路易·鲁迅先生认真听取了"香妃"故事,兴致勃勃地询问了清理地宫时的情况。

考察结束后,让·路易·鲁迅先生在留言簿上欣然写道:

在中国,当我来到清东陵这个评估现场时候,我非常高

联合国专家让·路易·鲁迅先生(右三)与陪同人员合影,左一是徐广源

兴。对你们所进行的文物保护工作我非常尊敬。文化遗产是整个人类的成就，可以和自然奇观媲美。我非常感谢。

让·路易·鲁迅先生最后对清东陵的维修和保护提出了一些中肯的建设性意见。

唐山市、遵化市、清东陵文物管理处领导向让·路易·鲁迅先生赠送了两件纪念性礼品：一件是现代金箔工艺制作的清孝陵全图；另一件是仿慈禧书写的一笔龙画。当天晚上，让·路易·鲁迅先生返回北京。1月16日早晨，让·路易·鲁迅先生乘飞机返回了欧洲。2000年11月，第24届世界遗产大会在澳大利亚凯恩斯国际会议中心举行，30日上午9时，清东陵（与明显陵、清西陵作为明清皇家陵寝一起申报）被全票通过，正式列入《世界遗产名录》。清东陵作为我国现存规模最大、体系完备、自然景观与人文景观相结合，最具特色的大型帝后妃墓群之一，正式成为宝贵的世界文化遗产。容妃墓随着清东陵被列入《世界遗产名录》而同时被记录在册，成为世界文化遗产的一部分。

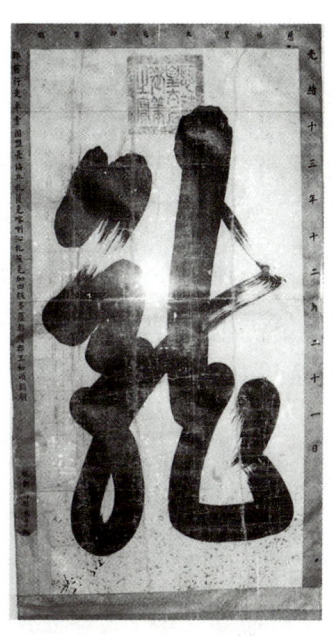

慈禧书一笔"龙"

尾章

附录1　容妃死后的遗物及处理

乾隆五十三年四月二十日，大学士和珅传旨："容妃遗下衣服首饰等物俱着分送内廷等位，并赏公主、大格格及丹禅、本宫首领、太监、女子等。钦此。"于二十一日，按分摆盛安在奉三无私，上览过，奉旨赏。于二十二日，刘秉忠具折片九个，奏过。奉旨："知道了。"钦此。其十公主等物，和珅领去；大格格等物，伊龄阿派广泰领去。

遵旨查得容妃遗下头面、衣服、银两、缎匹等项，除备用上服交四执事库收存，所有陪嫁公主头面、衣服等项毋庸呈览外，谨将拟赏公主、大格格并额思音等以及本宫太监、女子各项分析缮写清单恭呈御览。

金凤五支共嵌（东珠九十颗、宝石三十五块）；金福寿面簪三块（共嵌正珠十五颗、宝石九块）；金松灵祝寿簪一对（嵌正珠四颗、宝石六块）；金万事如意簪一对（嵌正珠十颗、宝石十六块）；金蜻蜓簪一对（嵌正珠六颗、宝石八块）；金喜荷莲簪一对（嵌东珠六颗、宝石十块）；金秋叶鹤簪一对（嵌东珠十颗、宝石六块）；金宝莲结子二块（嵌宝石二块）；金九蝠挑牌二块（共穿嵌正珠一百四十四颗）；金如意簪一对；金豆瓣簪四支；金耳挖一支；金指戒套一对；金戒指一对。

尚服交四执事，缂丝金龙上身羊皮下截银鼠皮袍一件、缂丝金龙绵袍一件、绣黄缎金龙绵袍二件、织黄缎金龙夹袍一件、酱色宁绸绵袍一件、蓝纱绵袍一件、缂丝四团金龙银鼠皮褂一件、石青缎四团金龙夹褂一件、石青缎绵褂二件、石青纱绵褂一件、月白春绸绵袄三件、罗衫一件，共十六件。

二十五日起送金棺前执事

如意二柄（文竹一柄、紫檀嵌石一盘）、朝珠二盘（琥珀根一盘、阿嘎里一盘）、磁花瓶大小二对、漆木小盒二对、漆盆景一对、宫扇二柄、玻璃把镜二面、紫绸手巾二条。

金棺前现陈设百日毕，再收交碧桐书院。

银莲子壶一把、银痰盆一个、银匙一把、银镶牙筯一双、银茶盅盖一件。

拟分送遗念

愉妃：玉器五件一盒（宫扇四柄、伽南香十八罗汉一盘、镶玉如意一柄）。

颖妃：玉器九件一盒（宫扇四柄、伽南香十八罗汉一盘、镶玉如意一柄）。

惇妃：玉器五件一盒（宫扇四柄、伽南香十八罗汉一盘、镶玉如意一柄）。

婉嫔：玉器五件一盒（宫扇三柄、伽南香十八罗汉一盘、镶玉如意一柄）。

循嫔：玉器五件一盒（宫扇三柄、伽南香十八罗汉一盘、镶玉如意一柄）。

林贵人：玉器五件一盒（宫扇二柄、伽南香十八罗汉一盘、菜石如意一柄）。

附录

禄贵人：玉器四件一盒（宫扇二柄、伽南香十八罗汉一盘、菜石如意一柄）。

明贵人：玉器四件一盒（宫扇二柄、伽南香十八罗汉一盘、菜石如意一柄）。

鄂常在：玉器二件一盒（宫扇二柄、伽南香十八罗汉一盘、菜石如意一柄）。

白常在：玉器二件一盒（宫扇二柄、伽南香十八罗汉一盘、菜石如意一柄）。

和敬固伦公主：玉器四件二盒（宫扇二柄、伽南香念珠一盘、镶玉如意一柄）。

公主：皮朝冠一顶（嵌七成金钻铪钑九块、正珠二百十三颗）；秋朝冠一顶（嵌七成金垒丝九块、正珠二百九十二颗）；珊瑚朝珠一百六十二个连钮子（上安七成金；转轮盒一件、垒丝圈二个、碧牙玖一块、正珠十二颗）；耳坠一对；链锤一对；缨络小帽一顶；扁眼正珠一颗；华皮顶凤二支（嵌东珠八颗、小正珠三十二颗、碟子一块）；金镶青金项圈一圈（嵌正珠七颗）；倭缎眉苏一件（嵌正珠六颗、东珠五颗）；拴扮手巾五分（内一分不全）；皮帽一顶（碧牙玖顶一个；珠四颗）；凤钿一分（共嵌珠二百一颗）；翠钿一分（共嵌珠三百八十一颗）；银边钿一分（共嵌珠三十六颗）；绣球梅面簪三块（共嵌珠一百四十七颗）；福寿面簪三块（共嵌珠十五颗）；喜荷莲簪一对（共嵌珠十颗）；万寿如意簪一对（共嵌珠四颗）；荷叶挑牌一对（共嵌珠六十二颗）；秋叶蜘蛛簪一对（共嵌珠十颗）；蜘蛛簪一对（共镶珠六颗）；赐字流苏一对（共嵌珠三十四颗）；赐字流苏一对（共嵌珠二十二颗）；吉庆流苏一对（共嵌珠三十颗）；吉庆流苏一对（共嵌珠三十二颗）；吉庆流苏一对（共嵌珠三十二颗）；莲花流苏一对（共嵌珠二十六颗）；双钱流苏一对（共嵌珠十八颗）；菊花流苏一对（共嵌珠二十八颗）；绣球流苏一对（穿珠球四个、珠四颗）；狮子流苏一对（穿珠八颗）；吉庆流苏一对（穿珠十六颗）；如意流苏一对（穿珠十六颗）；吉庆流苏一对（穿珠十六颗）；凤簪一对（嵌珠十颗）；九蝠挑牌一块（嵌珠九十一颗）；火焰结子一块（嵌珠八颗）；茄式簪一支（嵌珠二颗）；蜘蛛簪一支（嵌珠五颗）；蝈蝈簪一对（嵌珠六颗）；菱花簪一对（嵌珠十四颗）；清平如意簪一支（嵌珠四颗）；海棠簪一对（嵌珠二十四颗）；葵花结子一块（嵌珠七颗）；洋玻璃蝴蝶一对（嵌珠四颗）；蕊托二对（嵌宝石四块）；雀簪一支（嵌珠四颗）；珠兰花一对；九凤挑牌一块（无镶嵌）；豆瓣四支；耳挖二支；花针十支；背云一块（嵌珠五颗）；背云一块（嵌珠七颗）；镶红牙手镯一对；玉手镯一对；戒指表一个；正珠坠一副（共珠十二颗）；正珠坠一对（共珠四颗）；正珠坠一对（共珠八颗）；东珠坠一对（共珠六颗）；正珠抱头莲三对；东珠抱头莲一对；正珠七十四颗（重一两七钱）；东珠一百四十八颗（重四两三钱）；碎珠重六钱；米珠重三两三钱；金钱三十三个（重二十三两）；珊瑚朝珠三盘；松石朝珠一盘；正珠小朝珠一盘；伽南香朝珠三盘；伽南香念珠一盘（珠记念）；伽南香十八罗汉一盘；伽南香牌子手镯一对；银火锅二个；银铫二件；银壶二把；银背壶二件；银碗盖五件；银盆三件；银盒三件；银匙三把；银痰盆二件；银乍斗一件；银西洋壶一把；银蜂蜜罐一件；银碗一件；垒丝钮子四个；蜜蜡钮子十三个；镀金钮子五个；燕窝三包；一钱重银锞四个；戒指二个；坠钩十二个；骨牌一副；钟一座；表大小五个；容镜一面；银垒丝盒一件；金手炉一件；鼻烟盒二件；玉花囊三件；蜜蜡花囊二件；金银线九把；嵌珐琅盒一件（内玉玩九件）；珊瑚荷包豆八副（又二十三个）玉如意十八柄；嵌玉如意三十一柄；荷包二匣；嵌硝石如意九柄；文竹嵌玉如意九柄；满洲朝衣四分；回子朝衣二分；椰子念珠一盘；玉磬一架；缂丝貂皮褂一件；八团有水黑狐狄袍二件；镶领袖黑狐狄袍二件；金银狄袍一件；镶领袖貂皮袍一件；镶领袖天马袍一件；镶领袖白狐狄袍一件；绣金龙天马袍一件；八团龙青白狄袍一件；八团有水天马袍一件；绣金龙白狐狄袍一件；镶领袖吉祥豹袍一件；镶领袖银鼠袍一件；堆八团天马袍一件；镶领袖灰鼠袍三件；酱色缎天马袍一件；八团有水混狄褂一件；绣八团貂皮褂一件；绣八团黑狐狄褂一件；绣八团天马褂一件；绣八团银鼠褂一件；八团有水银鼠褂一件；白狐崽科袄一件；混狄袄一件；貂皮领三条；红雨纱大褂三件；羊皮甫三件；吉祥豹甫一件；天马甫一件；灰鼠甫一件；貂皮下身二件；貂皮五十七张；织八团锦袍二件；绣金龙夹袍一件；绣八团有水夹袍二件；绣八团有水袍二件；镶领袖绵袍八件；镶领袖夹袍二件；绵衬衣二件；夹

衬衣一件；绣八团有水绵褂四件；绣八团绵褂一件；织八团绵褂一件；织八团夹褂一件；绵褂一件；夹褂一件；八团有水夹纱袍一件；纳纱单纱袍一件；绣纱单纱袍一件；绣八团单纱袍一件；堆纱单袍一件；镶领袖单纱袍十七件；镶领袖夹纱袍四件；镶领袖绵纱袍一件；月白缎绵衬衣二件；绵纱衬衣一件；夹纱衬衣一件；单绸衬衣一件；单纱衬衣十一件；绣八团夹纱褂一件；织八团单纱褂一件；绣八团有水单纱褂二件；绣八团单纱褂二件；单纱褂二件；织八团缎拆片一件；纱帐一架；纱幔二架；未做成被褥二分；未做成坐褥靠背二分；各样零星一捆；未做衣料二十件；绣缎褂料十六件；绣缎袍料二件；刻丝袍料一件；刻丝八团有水绵褂一件；刻丝八团有水绵袍一件；绣金龙棉袍一件；绣八团有水绵袍二件；绣八团夹纱袍一件；绣八团有水绵褂六件；绣绵衬衣六件；刻丝拆袍料一件；织八团补子一副；绣领袖八副；绣荷包片一卷；西洋手巾四条；妆缎三匹（又二块）；蟒缎三匹；字缎二匹；闪缎三匹；上用缎八匹；上用宫绸一匹；官用宫绸四匹；倭缎三匹（又二块）；大卷缎一匹；大卷宫绸一匹；上用纱十六匹；大卷纱七匹；春绸二匹；杭细二匹；缎二匹；官用纱一匹；小卷纱一匹；绉绸一匹；猩猩毡三块；绣花手巾九条；密绸七匹；高丽布十匹；翠顶花钿边六分；翠凤八匣；翠花三十四匣；胭脂四匣；包头一卷；十锦梳篦十五匣；黄杨木梳二十匣；象牙木梳二匣；宫扇三十一柄；香珠二匣；各色香六匣；桂花一匣；靠背九个；大小褥子十三件；漆钿盒一对；雕漆茶盘十五件；雕漆盒一对；填漆匣一对；漆捧

盒六对；镜子三面；铜锡器十六件；大铜镜一件；木器十件；木格一对；磁器一百件；灯三对；藤菠萝四个；浴盆一个。

大格格：素钿一个（上缀面簪一块，嵌珠七颗，红宝石六块，簪一对，嵌珠六颗，宝石十四块）；素钿一个（上缀面簪一块，结子一块，蟾簪一对）；金葫芦簪一对（嵌珠十四颗，玻璃九块）；金鹤簪一对（嵌珠六颗，宝石八块，锞子二块）；金佛手簪一对（嵌珠六颗，宝石十四块、锞子三块）；银菱花结子二块；银蜻蜓簪一对；穿米珠蝴蝶簪一对（嵌珠四颗）；银蟾簪一对（嵌珠四颗）；松石蝠簪一对（嵌珠四颗）；白玉蝠簪一对（嵌珠四颗）；西洋蝴蝶簪一对；珊瑚蝠簪一对（嵌珠四颗）；银蝈蝈簪一对（嵌珠四颗）；虾珠攒花草一对；银牡丹花簪一块；银梅花结子一块（嵌珠四十二颗）；银指戒套三对；银簪挺五支；银钿口一块；玉簪一支；金手镯三对；玉手镯一对（又一支）；金三十六两；表五个；表帽架一个；金花囊五个（又二个）；金斋戒牌一个；玉花囊二个；象牙花囊三件；银花囊五件；文竹香囊三个；蜜蜡斋戒牌一个；鼻烟六瓶；玉佩一件；玉鼻烟壶四个；金盒二个；象牙盒二个；象牙匙一件；钟二架；蜜蜡朝珠二盘；玉念珠一盘；沉香念珠一盘，伽兰香十八罗汉一盘；银小如意三十一个；发晶鼻烟壶一个；雕漆盒二件；象牙盒一对；象牙盒一件；紫檀盒一件（内盛玉器五件）；珐琅鼻烟壶一个；玻璃鼻烟壶七个；玻璃容镜一面；菜石如意十二柄；紫檀嵌玉如意十柄；紫檀如意九柄；玉陈设六件；玛瑙陈设一件；

晶器三件；铜器三件；磁器二件；木器一件；漆器一件；绣缎白狐皮袍二件；绣缎金银狄皮袍一件；酱缎白狐狄皮袍一件；酱缎两截银鼠皮袍一件；绿缎两截银鼠皮袍二件；酱缎两截灰鼠皮袍一件；藕荷缎两截灰鼠皮袍一件；绿缎两截灰鼠皮袍一件；青缎金银狄皮褂一件；青缎灰狄皮褂一件；石青缎两截银鼠皮褂一件；红绸青狐颏皮科袄一件；石绉绵袄一件；红毡大褂一件；酱缎绣八团蟒袍一件；酱缎织八团绵袍一件；紫缎镶领袖绵袍一件；酱缎绵袍三件；酱缎夹袍一件；绿缎镶领袖夹袍一件；紫缎领袖夹袍一件；红毡夹衬衣一件；红缎夹衬衣一件；藕荷纱领袖绵袍一件；绸绫绵衬衣五件；紫纱领袖夹袍一件；藕荷纱领袖单袍二件；绿纱八团单袍二件；绿纱领袖单袍一件；酱纱领袖单袍一件；红羽缎单衬衣一件；纱夹衬衣二件（红色一件，藕色一件）；单纱衬衣八件；石青纱绵褂一件；石青纱夹褂一件；石青纱单褂二件；缎绸纱绫四十六件；翠顶花钿边三分；翠凤四匣；翠花三十四匣；磁器八十件；镜十二面；牙茶盘二件；什锦梳篦九匣；黄杨木梳十四匣；篦子一匣；抿子一匣；宫花二匣；宫扇二十二柄；芭蕉扇二柄；羽扇一柄；各样香五匣；各样盒十八件；漆盘四个；漆面盆一个；漆茶盘七个；藤菠萝一个；铜锡器五件；木器五件；灯二对；大小褥四个。

拟赏公额色音：如意一柄；鼻烟一瓶；鼻烟瓶一个；蟒缎一匹；石青大缎一匹；酱色大卷纱一匹。

公托克托：如意一柄；鼻烟一瓶；鼻烟瓶一个；蟒缎一匹；石青大缎一匹。

台吉喀申霍卓：如意一柄；鼻烟一瓶；鼻烟瓶一个；蟒缎一匹；石青大缎一匹。

台吉帕尔萨：如意一柄；鼻烟瓶一个；鼻烟瓶一个；蟒缎一匹；酱色大卷缎一匹。

帕尔萨之子兵巴克尔：如意一柄；鼻烟一瓶；鼻烟瓶一个；彭缎一匹；纺丝一匹。

兵阿克伯塔：如意一柄；鼻烟一瓶；鼻烟瓶一个；彭缎一匹；绫一匹。

兵哈丕尔：如意一柄；鼻烟一瓶；鼻烟瓶一个；蓝纱一匹；绫一匹。

小人 丕里敦、巴巴克：每人如意一柄；鼻烟一瓶；鼻烟瓶一个；官用纱一件；石青小褂一件。

额色音之妻：如意一柄；鼻烟壶一个；酱色大缎一匹；月白大缎一匹；蓝官用纱一匹；右青官用纱一匹。

图尔都之妻：如意一柄；鼻烟壶一个；银二百两；青大缎一匹；青宫绸一匹。

喀申霍卓之妻：如意一柄；鼻烟壶一个；桃红缎一件；绿纱一件。

喀申霍卓之女二口：每人如意一柄；鼻烟壶一个；桃红缎一件。

容妃之姐：如意一柄；鼻烟壶一个；蓝大缎一匹；月白宁绸一匹。

容妃之妹：如意一柄；鼻烟壶一个；酱色缎一匹；蓝大卷纱一匹。

兵巴哈尔等之妻三口：每人如意一柄；鼻烟壶一个；彩色大缎一匹。

帕尔萨之妻：如意一柄；鼻烟壶一个；桃红绸一件；月白绸一件。

拟赏首领二名：每人银五两，每人官用纱一匹。

出力太监四名：每人银四两；制钱一贯，每人官用纱一匹。

当差太监八名：每人银三两；制钱一贯，每人漳纱一匹。

头等女子一名：银十两；制钱一贯；衣服六件。

二等女子五名：每人银六两；制钱一贯；每人衣服五件。

头等妈妈里一名：银四两；衣服三件。

二等妈妈里三名：每人银二两；每人衣服三件。

附录2 容妃家族人员小传

在容妃遗物中,有送给丹禅(娘家)的物品,其中提到额色音、图尔都等人。下面介绍一下他们的传略。

1. 额色音传(容妃五叔父)

额色音,叶尔羌人,号额尔克和卓。其始祖曰派罕帕尔,世为回部长。居叶尔羌,领其族,族统称和卓,犹蒙古族统称台吉也。准噶尔强,策妄阿喇布坦侵叶尔羌,黜和卓,玛罕木特掠其族置吐鲁番,寻以吐鲁番内附,复协徙伊犁。大军定准噶尔,额色音等乞降。玛罕木特子霍集占,复乘阿睦尔撒纳乱,协族自伊犁归叶尔羌。额色音不从,避徙布噜特,霍罕,玛尔噶朗、安集延、纳木干、塔什干诸部。弟帕尔萨及兄子玛木特、图尔都从之,霍集占与布噜特仇,以兵索之,不得。

乾隆二十三年大军讨霍集占,抵叶尔羌,额色音闻之,偕图尔都及布噜特之呼什齐鄂拓克长纳喇巴图,以兵攻喀什噶尔,袭英吉沙尔诸邑。时霍集占抗大军于喀喇乌苏,哈蜜扎萨克贝子玉素卜遣侍卫布占泰征兵布噜特,抵阿特巴什,其长曰明伊勒哈,以兵寡辞布占泰归,谍霍集占兄波罗尼都自喀什噶尔援叶尔羌,闻布噜特兵袭其邑,疑与我军应,惧不敢逼喀喇乌苏图,则未知为布鲁特何鄂拓克也。

二十四年,玛木特自布噜特赴阿克苏,谒定边将军兆惠以故告,且称额色音集兵纳喇巴图,待我军檄,兆惠传旨奖给币,令玛木特达额色音书。额色音以兵至,道遇贼百余击之,获蠹一,献军门,请内附。兆惠慰谕之。霍集占等既窜,有布噜特兵攻喀什噶尔之布喇村。额色音亟遣属从侍卫成果檄止之,曰:"叶尔羌、喀什噶尔已定,若复进兵,是抗大军也"。布噜特兵乃还。兆惠遣额色音入觐,上以其为派军帕尔裔诏封辅国公。额色音奏:世居叶尔羌,准噶尔掠属吐鲁番,再从伊犁,以避霍集占乱,奔布噜特幸为天朝臣仆。安置惟命,诏留京师。传谕兆惠等曰:"额色音等系霍集占族。且久居伊犁久。不便遣归叶尔羌,仍将伊等家口送京。"

四十八年,诏俟出缺后子如爵,视有绩,再传仍袭公爵,无绩,以次降袭三等台吉。

五十五年,额色音卒,赐银二百两治丧,谕曰:额色音所遗公爵,并非由军功所得,特恩晋封者,理应降等承袭,但念额色音行走年久,着加恩令伊子喀沙和卓袭。

一次袭喀沙和卓,额色音子。

乾隆五十三年袭辅国公。

五十六年,以勤奋奉职,诏加封镇国公。

《回疆通志》

2. 图尔都传(容妃哥哥)

图尔都,叶尔羌人,辅国公额色音从子。初徙居伊犁,以不附族酋霍集占叛,从额色音走匿布噜特境,布噜特称曰和卓。

乾隆二十三年,闻大军征霍集占,抵叶尔羌,霍集占抗诸喀喇乌苏,阴以布噜特兵从额色音攻喀什噶尔分贼势。

二十四年,其兄玛木特谒大军告故,图尔都寻自布噜特至,请降,额色音偕玛木特先入觐,图尔都继至,上以其为派军帕尔裔,

诏授扎萨克一等台吉，留京师。

二十七年，追论攻喀什噶尔功，晋封辅国公。

四十四年，卒。从子托克托袭。一次袭托克托，图尔都从子。

乾隆四十四年，袭辅国公。

四十八年，诏俟出缺后，视有绩，令子如爵，无绩，以次降袭三等台吉。

五十五年正月，托克托父喀沙和卓别袭辅国公。谕曰："从前图尔都所遗辅国公，本应降等承袭，朕特加恩令托克托仍袭原爵，乃伊自袭爵以来甚属疏懈，托克托系喀沙和卓之子，喀沙和卓既袭公爵，托克托着降为一等台吉。"

二月，托克托卒，理藩院以其无嗣，奏请停袭，得旨如议。

《回疆通志》

3. 玛木特传（容妃堂兄）

玛木特，叶尔羌人，辅国公额色音从子。初徙居伊犁，号鄂托兰珠和卓。以不附族酋霍集占叛，偕弟图尔都从额色音走匿布噜特境。

乾隆二十三年，大军征霍集占抵叶尔羌，霍集占抗诸喀喇乌苏，额色音、图尔都以兵攻喀什噶尔，玛木特留布噜特视戚属。

二十四年，额色音复自布噜特集兵，遣玛木特至阿克苏，谒定边将军兆惠告故，且称以避霍集占走布噜特，不获早至，兆惠慰谕之，进兵喀什噶尔携玛木特从，令以书达额色音。额色音驰至，喀什噶尔诸城定。兆惠遣玛木特入觐。上以其为派尔齐，诏授扎萨克一等台吉，留京师。复谕兆惠遣其子巴巴至，与娶处。

四十四年，辛。子巴巴降袭二等台吉。一次袭巴巴，玛木特长子，初称和卓。

乾隆二十四年，兆惠遵旨自军所遣至，诏授四等台吉，

四十四年袭二等台吉。

四十八年诏俟出缺后，视有绩令子如爵，无绩，以次降袭四等台吉。

五十三年，诏世袭二等台吉罔替。

《回疆通志》

参考文献

《清实录》，北京：中华书局，1986年11月。

《钦定大清会典事例》，昆冈等修，光绪二十五年刻本，上海：上海古籍出版社，2003年影印本。

《清史稿》，赵尔巽 主编，中华民国初年清史馆编修，北京：中华书局，1977年12月。

《清皇室四谱》，唐邦治 辑，上海：上海聚珍仿宋印书局排印，1923年10月。

《清朝野史大观》，李秉新、徐俊元、石玉新 校勘，石家庄：河北人民出版社，1997年8月。

《清史列传》，王钟翰 点校，北京：中华书局，2005年10月。

《东陵盗宝》，克诚 等著，长沙：岳麓出版社，1986年7月。

《香妃考实》，孟森 文，北京：国立北京大学国学季刊6卷3号油印本（因抗日战起，未印行）。

《郎世宁传略考》，石田干之助 著，上海：《国文周报》第13卷第32、33期。

《喀什"香妃墓"辨误》，纪大椿 文，乌鲁木齐：《新疆史学》1979年1期；后载于《新疆日报》1980年8月2日。

《"香妃"史料的新发现》，肖之兴 文，北京：《文物》1979年第2期。

《"香妃"生父考辨》，纪大椿 文，北京：《文物》1979年第11期。

《中南海史迹》，吴空 著，北京：紫禁城出版社，1998年10月。

《"香妃传说"与宝月楼回子营》，杨乃济 文，北京：《故宫博物院院刊》1982年第3期。

《全彩中国绘画艺术史》，胡凌、邹兰芝 编，银川：宁夏人民出版社，2001年12月。

《郎世宁和他的历史画、油画作品》，聂崇正 文，北京：《故宫博物院院刊》1979年第3期。

《香妃墓，谁呵护》，朱彤 文，北京：《人民政协报》民族宗教版第 3338 期，2002 年 9 月 7 日。

《香妃地宫清理记》，徐广源 文，北京：《旅游纵览》2001 年第 1 期。

《清陵地宫内的金井》，徐广源 文，北京：《紫禁城》1992 年第 2 期。

《听园西疆杂述诗》，萧雄 著，清光绪十八年之《听园西疆杂述诗》，北京：中华书局，1985 年。

《清代陵寝地宫研究》，王其亨 著，天津：天津大学 1984 届研究生毕业论文，1984 年 6 月。

《正说清朝十二后妃》，徐广源 著，北京：中华书局，2005 年 8 月。

《清东陵史话》，徐广源 著，重庆：重庆出版社，2017 年 4 月。

《大清皇陵探奇》，徐广源 著，沈阳：沈阳出版社，2016 年 9 月。

《清皇陵地宫亲探记》，徐广源 著，北京：新世界出版社，2017 年 9 月。

《香妃遗骨与其辨伪》，时墨庄 著，1982 年 10 月打印稿。

《香妃：乾隆容妃的幻影》，纪大椿 著，北京：生活·读书·新知三联书店，2010 年 5 月。

《被乾隆帝"抹去"的断发皇后》，王志伟 文，北京：《紫禁城》2014 年第 3 期。

《清宫医药集成》，陈可冀 主编，北京：科学出版社，2009 年 9 月。

中国第一历史档案馆有关清宫档案：乾隆年间的《乾隆二十五年起居注》《内庭赏赐例二》《内庭赏赐例三》《内庭赏赐例四》《内庭赏赐例五》《哈密瓜·蜜荔枝底簿》《赏赐底簿》《拨用行文底簿》《江南节次照常膳底档》《山东照常膳底档》《盛京照常节次膳底档》《哨鹿节次照常膳底档》《内务府来文》《进小菜底档》《容妃遗物折容妃绣蟒袍褂领袖缎匹等项料工银两清册》《节次照常膳底档》《江南额食底档》等。清东陵文物管理处收藏的《昌瑞山万年统志》（光绪朝，英廉重修本）、《陵寝易知》（手抄本）及有关容妃墓清理纪要。